Cambridge Plain Texts

VILLENA
LEBRIJA
ENCINA
SELECTIONS

VILLENA
LEBRIJA
ENCINA

SELECTIONS

CAMBRIDGE
AT THE UNIVERSITY PRESS
1926

CAMBRIDGE UNIVERSITY PRESS

Cambridge, New York, Melbourne, Madrid, Cape Town,
Singapore, São Paulo, Delhi, Mexico City

Cambridge University Press
The Edinburgh Building, Cambridge CB2 8RU, UK

Published in the United States of America by Cambridge University Press, New York

www.cambridge.org
Information on this title: www.cambridge.org/9781107663404

First published 1926
Re-issued 2013

A catalogue record for this publication is available from the British Library

ISBN 978-1-107-66340-4 Paperback

NOTE

Of these three medieval treatises on linguistics, that of *El Arte de Trobar* by Enrique de Villena (1384–1434) is the first in date. The *Arte de Trobar* has come down to us as a fragment only, and this in two copies made in the sixteenth century. One of these, which is in the British Museum, was used by Mayans y Siscar in his *Orígenes de la lengua castellana*. This text was again used by Menéndez y Pelayo for his *Antología de los Poetas Castellanos*. Both these editions are imperfect, being unintelligible in places and full of errors. The other copy, made by Alvar Gómez de Castro, was discovered a short time ago by Señor Sánchez Cantón. This he published first in the *Revista de Filología*, vol. VI., 1919, and in 1923 in the *Biblioteca Española de Divulgación Científica* (Suárez).

The text printed here is taken direct from the Escorial MS.

The second extract is composed of the ten chapters which form the second book of the *Gramática Castellana* by Antonio de Lebrija (1444–1522). The *Gramática* was published in 1492, and is the father of all Spanish Grammars. The text given here is taken from the *editio princeps*.

The *Arte de la Poesía Castellana* was written by Juan del Encina (1469–1529) as an introduction to his *Cancionero*, published in 1496. The text printed here is taken from the *editio princeps* in the Biblioteca Nacional.

A slight modification has been made in this edition, namely, the writing of proper names with capitals.

The portions enclosed in brackets were probably not written by the author.

Reference must be made to the *Prohemio* of Santillana, which could not be published in this volume. The following are the most accessible editions:

Obras, ed. Amador de los Ríos, 1852.

Antología, T. v. Indice, M. Pelayo. H. R. Lang (Henry Holt), New York.

An edition by Señor Antonio Pastor and Professor Prestage is to appear in 1926.

BIBLIOGRAPHY

VILLENA.

Don Enrique de Villena. Su Vida y Obras. Cotarelo y Mori. 1896.

Antología. T. v. 27. M. Pelayo.

LEBRIJA.

Gramática. Facsimile ed. E. Walberg. Halle a. S. 1909.

Elogio de Cisneros y Estudio sobre Nebrija. H. Suaña.

Antología. T. VI. 187. M. Pelayo.

Lengua, Enseñanza y Literatura. Américo Castro (Suárez).

ENCINA.

Antología. T. VII. 1–100. M. Pelayo.

The three texts are to be found in M. Pelayo, *Antología*, T. v. Indice.

See also M. Pelayo, *Ideas Estéticas en España*, T. 1. vol. II.; T. II. ch. 9.

I. BULLOCK.

December 1925.

ARTE DE TROVAR

DE

DON ENRIQUE DE VILLENA

[La arte del Trobar, se llamaua antiguamente en Castilla, la Gaya sçiençia, como pareçe, por el libro que hizo della don Enrrique de Villena, intitulandola a don Iñigo Lopez de Mendoça señor de Hita et. Siguense algunos uocablos, y cosas deste libro.]

Por la mengua de la sçiençia todos se atreuen a hazer ditados, solamente guardada la igualdad de las syllabas, y concordançia de los bordones, segun el compas tomado, cuydando que otra cosa no sea cumplidera a la Rimica dotrina.

E por esto no es fecha diferencia entre los claros ingenios, e los obscuros.

Maguer otras cosas arduas, vindicasen a si mi intento. Asi que un trauajo fuese reposo de otro trabajo.

[La traslaçion de Virgilio que hazia don Enrrique de Villena, de la Eneyda.]

E quise dirigir este tratado a uos honorable e virtuoso cauallero don Iñigo Lopez de Mendoça: pues que mis obras aunque impertinentes, conozco a uos ser plasibles: e que uos delectaes, en fazer ditados, y trobas ya diuulgadas, y leydas en muchas partes. E por mengua de la gaya dotrina no podeis transfundir en los oydores de vuestras obras, las esçelentes inuençiones que natura ministra a la serenidat de vuestro ingenio, con aquella propiedat que fueron conçebidas. e uos informado por el dicho tratado seas originidat donde tomen lumbre, y dotrina todos los otros del Regno que se dizen trobadores, para que lo sean verdaderamente.

Tomareis algun depuerto.

El consistorio de la gaya sciençia se formo en Françia en la çibdad de Tolosa por Ramon Vidal de Besaldu.

Esmerandose con aquellas reglas los entendidos de los grosseros.

Este Ramon por ser començador no fablo tan complidamente. Suçediole Iofre de Foxa monge negro, e dilato la materia, llamando a la obra que hizo *Continuaçion del trobar*.

Veno despues deste de Mallorca, Verenguel de Troya. e fizo un libro de figuras y colores Reptoricos.

Depues escriuio, Guilielmo Vedel de Mallorca. la *Summa Vitulina*. con este tratado, porque durase la gaya sciençia se fundo el collegio de Tholosa de trobadores; con authoridad y permision del rey de Françia, en cuyo territorio es. e les dio libertades e priuillegios, e asino çiertas rentas para las despensas del consistorio de la gaya dotrina. ordeno que uuiese siete mantenedores que hiziesen leyes et.

hizieron el tratado intitulado *Leyes de amor*. donde se cumplieron todos los defetos de los tratados passados.

Este era largo, por donde Guillen Moliner le

abreuio, y hizo el *Tratado de las flores*, tomando lo sustancial del *Libro de las leyes de amor*.

Despues vino fray Ramon de Cornet e fizo un tratado en esta sçiençia, que se llama *Dotrinal*. este no se tuuo por tan buena obra, por ser de persona no mucho entendida. reprehendiosela Iohn de Castilnou asumando *Los vicios esquiuadores* id est que se deuen esquiuar.

[Despues destos no escriuio otro, hasta don Enrrique de Villena.]

Tanto es el prouecho que viene desta dotrina a la uida ciuil, quitando oçio, e ocupando los generosos ingenios en tan honesta inuestigaçion, que las otras nasçiones desearon e procuraron auer entre si escuela desta dotrina. e por eso fue ampliada por el mundo en diuersas partes.

A este fin el rey don Ioan de Aragon primero deste nombre, fijo del rey don Pedro segundo, fizo solepne embaxada al rey de Françia, pidiendole mandase al collegio de los trobadores que viniesen a plantar en su Reyno el estudio de la gaya sçiençia, e obtouolo, e fundaron estudio dello en la çibdat de Barcelona dos mantenedores que vinieron de Tolosa para esto. ordenandolo desta manera: que uuiese en el estudio e consistorio desta sçiençia en Barçelona quatro mantenedores, el uno cauallero, el otro maestro en Theologia, el otro en leyes, el otro honrado cibdadano e quando algunos destos falleçiese fuese otro de su condiçion elegido por el collegio de los trobadores, e confirmado por el Rey.

En tiempo del Rey don Martin su hermano fueron mas preuillejados e acrecentadas las rentas del consistorio, para las despensas fazederas, asi en la repara-

cion de los libros del arte, e uergas de plata de los
vergueros que van delante los mantenedores, e sellos
del consistorio, como en las joyas que se dan cada
mes: e para celebrar las fiestas generales. E fizieronse
en este tiempo muy aseñaladas obras, que fueron
dinas de corona.

Despues de muerto el rey don Martin por los
debates que fueron en el Reyno de Aragon sobre la
succesion ouieron de partir algunos de los mantenedores e los principales del consistorio para Tortosa
y ceso lo del collegio de Barçelona.

[Fue despues elegido el rey don Fernando, en cuyo
seruicio vino don Enrrique de Villena. el qual
procuro la reformaçion del consistorio y señalaronle
por el principal dellos.]

[Las materias que se proponian en Barcelona
estando alli don Enrrique]: Algunas uezes loores de
Santa Maria, otras de armas, otras de amores e de
buenas costumbres.

E llegado el dia prefigido congregauanse los mantenedores e trobadores en el palaçio, donde yo posaua,
y de alli partiamos ordenadamente con los vergueros
delante, e los libros del arte que trayan, y el registro
ante los mantenedores. E llegados al dicho capitulo,
que ya estaua aparejado, e emparamentado aderredor
de panyos de pared, e fecho un asentamiento de
frente con gradas en do estaua don Enrrique en
medio, e los mantenedores de cada parte, e a nuestros
pies los escriuanos del consistorio: e los vergueros
mas baxo, e el suelo cubierto de tapiçeria. e fechos
dos çircuytos de asentamientos, en do estauan los

trobadores, e en medio un bastimento quadrado tan alto como un altar, cubierto de pañios de oro, e encima puestos los libros del arte, e la joya. E a la manderecha estaua la silla alta para el Rey, que las mas uezes era presente. e otra mucha gente, que se ende llegaua.

E fecho silencio, leuantauase el maestro en Theologia, que era uno de los mantenedores: e fazia una presuposicion con su thema, y sus alegaçiones, e loores de la gaya sciençia, e de aquella materia que se auia de tratar en aquel consistorio, e tornauase a sentar. e luego uno de los vergueros dezia que los trobadores alli congregados, espandiesen y publicasen las obras que tienen fechas de la materia a ellos asignada: e luego leuantauase cada uno, e leya la obra que tenia fecha, en boz intelligible, e trayanlas escritas en papeles damasquines de diuersos colores, con letras de oro, de plata, e illuminaduras fermosas, lo mejor que cada uno podia. e desque todas eran publicadas cada uno la presentaua al escriuano del consistorio.

Tenianse despues dos consistorios, uno secreto, y otro publico. En el secreto fazian todos juramento de judgar derechamente sin parçialidad alguna segunt las reglas del arte, qual era mejor de las obras alli esaminadas: e leydas puntuadamente por el escriuano, cada uno dellos apuntaua los vicios en ella contenidos: e señyalauanse en las margenes de fuera. E todas asi requeridas a la que era fallada sin viçios, o a la que tenia menos, era judga la joya por los votos del consistorio.

En el publico congregauanse los mantenedores, e trobadores en el palacio: e yo partia dende con ellos, como esta dicho para el capitulo de los frayles predicadores. e collocados, e fecho silençio yo les fazia una presuposicion loando las obras que auian fecho. e declarando en espeçial qual dellas mereçia la joya. e aquella ya la traya el escriuano del consistorio en pargamino bien illuminada, e ençima puesta la corona de oro, e firmaualo yo al pie, e luego los mantenedores, e sellauala el escriuano con el sello pendiente del consistorio, e traya la joya ante mi, e llamado el que fizo aquella obra, entregauale la joya, e la obra coronada, por memoria. La qual era asentada en el registro del consistorio: dando authoridat y liçençia para que se pudiese cantar, e en publico dezir.

e acabado esto, tornamos de alli al palaçio, en ordenança, e yua entre dos mantenedores, el que gano la joya, e leuauale un moço delante la joya, con ministriles, e trompetas, e llegados al palaçio haziales dar confites, e vino. e luego partian dende los mantenedores e trobadores con los menistriles, e joya, acompañyando al que la gano fasta su posada.

e mostrauase aquel avantaje que Dios e natura fizieron, entre los claros ingenios, e los oscuros. [de donde pareçe que ventaje viene del vocablo italiano avante.]

E no se atreuian los ediothas.

La definiçion de sçiençia segun Galter Burley en la *Summa de las artes*: sçiençia es complida orden de cosas immutables e verdaderas.

E acatando seis instrumentos, si quiere organos, que forman en el hombre bozes articuladas, e literadas. es a saber: Pulmon con su continuo mouimiento

sistolando, e diastolando: reçibiendo ayre fresco hazia
a si, e lançando el escalentado fuera del cuerpo por
muchas partes, espeçialmente por la tracharchedia,
que es la canna del resollo et., percude si quier o
fiere el ayre.

el segundo, paladar.

el terçero, lengua.

el quarto, dientes, que por compresion fazen zizilar,
a atenuar el son, si quiere adelgazar.

el quinto, los beços.

el sesto, la trachearchedia.

No son las bozes articuladas en igual numero çerca
de todas las gentes: porque la dispusicion de los ayres,
e sitio de las tierras disponen estos instrumentos por
diuersa manera. A unos dilatandoles la canna, e por
eso fablan de garguero; a otros faziendoles la boca de
grant oquedat, e por eso fablan ampuloso; e a otros
faziendo las varillas de poco mouimiento, e por eso
fablan zizilando: e ansi de las otras diuersidades.

Esta parte primera se diuidira en diez particulas.

La primera quando y por quien la letra latina fue
hallada.

La segunda la difinicion de la letra.

La terçera quantas son las letras, y que figuras
tienen.

La quarta de los açidentes, e de la mutacion de sus
figuras segunt la diuersidad de los tienpos.

La quinta del departimiento que han entre si,
segunt las bozes que significan.

La sexta del son de cada una, por la conjunçion
de unas con otras.

La setena como se muda el son de una, en son de otras. e se puede poner una por otra en çiertos lugares.

La ochaua como se ponen algunas letras, e no se pronuncian: e otras se pronuncian, aunque no se ponen.

La nouena en el escreuir, segunt las reglas de los trobadores antiguos como se deuen situar.

La dezena de la abreuiatura de las letras.

San Isidoro en el primero libro de sus timologias.

Micer Armenio escriuio la *Istoria florita.*

[La antigüedad de la letra latina sacala asi don Enrique de Villena en el libro de la sciençia Gaya]:

Al terçero año que Nicostrato dio las letras a los de Italia, el rey latino hizo juntar sabidores, y las reglas dadas por Carmenta fueron corregidas, e llamose letra latina. fue esto deziocho años antes de la postrimera presa de Troya: la qual fue antes de la era de nuestro saluador Iesuchristo por M. C. LXXX. V años, segun Phelipe Elephante en la glosa del *Timeo* de Platon, lo qual dize que saco de las historias de los egypçianos, e la era de nuestro saluador corre aora MCCCC e XXXIII, todo junto seran IIM. DC. XXX. VI años.

ocho diphtongos son auidos por leales, siquiere çiertos, en el trobar. es a saber: *ay, ey, oy, uy, au, eu, niu, nou* [*sic por* iu, ou]; estos son de dos letras.

ia, ie, ve, no son finos. que se llaman por otro nombre impropios.

de tres letras se componen otros ocho: *gay, vey, ioy, cuy, vau, lleu, niu, nou.*

Mastre Gil fizo un tratado titulado *Summa de prouerbiar.*

lenguagge, linagge, con dos *gg.*

Algunos ditados antiguos o petafios.

Carmenta nombro a la *f fiex* e a la *x xi*, conforme a la apelacion griega φι, χί.

Aa, Be, ce, de, ee efe, ge, ache, ii, ca, ele, eme, ene, oo, pe, cu, erre, ese, te, uu, eques, y griega, zz, (), tilde.

La *h*. El pulmon con su aspiracion forma la *h*.

La trachearchedia forma la *a* e la *e* e la *i*, e la diferençia que entre ellas se faze, es por menos respiracion; que la *a* se pronunçia con mayor, e la *e* con mediana, e la *i* con menor.

El paladar, con su oquedat, forma la *o* e la *k*, pero la *o* ayudase con los beços.

La lengua forma la *r* firiendo en el paladar, e la *d* e la *t* e la *l* firiendo en los dientes; e la *y* griega ayudandose con paladar e dientes; e la *n* e tilde firiendo muellemente en los dientes medio cerrados.

E los dientes forman la *z*, apretados zizilando. e la *x* e la *g* ayudandose un poco con la lengua.

Los beços con clausura e aperiçion forman la *b*, *f*, *m* e la *p* e la *q*. e la *v* aguzando con alguna poca abertura, e ayudandose de la respiracion.

Algunos quisieron atribuyr la pronunçiaçion de la *o* a los beços, porque se aguzan e abren en forma circular; pero mayor operacion faze en ello el paladar, e por eso a el fue asignada de suso.

Alphabeto de Carmentas[1]:

El de los longobardos:

A la *fiex* llamaron *fi* y a la *h aca*.

El de los godos:

Despues que la tierra se perdio en tiempo del rey don Rodrigo como se perdieron los estudios de Toledo, e los de Çamora, e de Auila, corrompiose el uso, e reglas de la letra gothica, e usaron de tales figuras:

[1] The alphabets are given by Sánchez Cantón, pp. 71–75.

e dixeron a la *f efe.* e a la *x eques.*

Toledo se llamaua Fajen: e Çamora Numançia e Auila, Abila.

Despues recogidos los christianos en el monte sacro en Asturias, e perescieron los saberes entrellos, y aun el escrevir y leer, por diuturnidad de tiempo. Desque fueron conquistando sintieron la mengua de la perdida letra, e embiaron a la isla de Ingalaterra por maestros que tuuiesen escuelas de escreuir, y leer, y grammatica e mostraronles un tal alfabeto:

llamaronla letra anglicana e dezian a la *h aque,* pero los deste regno no podian pronunçiar sino *ache.*

Tomaron de los moros las colas de las letras rebueltas, e el liamiento de los uocablos e tildes grandes, e el tener de la pendola, el leer en son.

corrompiose el anglicano. e uuo este:

e este a llegado fasta el uso deste tiempo.

Allende el son particular que cada letra por si tiene: quando se conjungen unas con otras forman otro son.

Esta formacion se entiende en dos maneras, una en general. otra en especial.

La general en tres, es a saber, plenisonante, semisonante, menos sonante.

Quando la letra es puesta en principio de dicion toma el son mas lleno, e tiene mejor su propia boz: e por eso es dicha plenisonante, es a saber auiente su son lleno. Quando es puesta en medio de dicion, no suena tanto, e difustasse el son de su propia boz.

Quando es en fin de la diçion, del todo pierde el son de su propia boz: o suena menos que en el medio e por eso es dicha menos sonante.

La especial manera es, considerando la condicion de cada una, segunt la conjunçion en que se halla. asi como las vocales, que allende de la regla general dicha, por especial razon son algunas uezes plenisonantes, aunque sean falladas en medio de dicion, asi como diziendo *vas, ven, diz, joy, luz.* que maguer que las vocales puestas en estas diciones esten en medio, retienen su lleno son, por la plenitud de la voz uocal, que les ayuda.

e algunas uezes las tres vocales *a e o* suenan de otra manera con son semisonante, o menos sonante puestas en medio de diçion e fin, asi como quien dize *proëza, grana, honor,* que la *e* en la primera diçion es semisonante, e la *a* en la segunda, e la segunda *o* en la tercera, esto les acaeça por la conjunçion de las preçedentes letras, que se lian e encorporan con el son de la uocal, en composiçion de bozes: e por eso la uocal pierde parte de su lleno son. Estas tres vocales puestas en mitad de diçion sin mudar la postrimera letra, tienen a uezes lleno son, y otras medio; quien dize *vas* da medio son, e si dixese *paz* dariale lleno; diziendo *vos* es semisonante, diziendo *pos* es plenisonante. e si dixese *pres* aquella *e* es plenisonante; e si dixese *tres* es semisonante. e porque gozan de amos los sones segun el ayuda del principio dizense utrisonantes.

la *v* e la *i* en principio de vocal se hazen consonantes. quando la *g* con vocal se junta, asi como *a e u* tiene son suave: como quien dize *plaga, Dragon, daga,* e esto es con la *a*: e con la *e* asi como *llegue, pague*: con la *u* asi como *guardar, guiar*; pero quando se junta con *e* e con *i* entonçes suena fuerte: como quien dize *linagge, giron, girconça,* en el fin quitan la *e* *pug, Alberic.*

La *l* se dobla para hazer la plenisonante al principio, y al medio. En el fin nunca se dobla, sino en la lengua limosina.

Cuando la *r* es semisonante no se dobla *ara*, *ira*, quando es plenisonante doblase, *error*. En prinçipio de diçion es plenisonante, no se dobla, *Rey*, *Roque*, *Roçin*.

en los nombres propios, en medio de dicion es plenisonante y no se dobla *Enrique*, *Ferando*.

La *p* e la *b* algunas uezes fazen un mesmo son, como quien dixese *cabdinal*, que tambien se puede dezir *capdinal*.

E *t* e *d* eso mesmo conuienen en son, en fin de dicion; asi como quien dize *cibdad*, que se puede fazer con *d* e con *t*; en principio son disonantes.

La *q* e la *c* conuienen en son en principio de dicion; *quantidad* se escriue con *q*; *calidad* se escriue con *c*; la *k* conuiene con este son diziendo *karidad*, pero tiene esta especialidad la *k*: que no se puede poner sino en principio de dicion e todavia es plenisonante.

La *m* e la *n* conuienen en son algunas uezes en medio de dicion, asi como diziendo *tiempo*. que aunque se escriue con *m*, faze son de *n*; e si lo escriuen con *n* faze el mismo son, e por eso algunos lo escriuen con *n*, auiendose de escrevir con *m*.

en los nombres propios que es menester que la pronunciacion sea fuerte, ponen en medio aspiraçion: *Matheo*, *Anthonio*.

La *x* nunca es plenisonante, doquier que se ponga; antes muda algunas vezes su son: a vezes en *c*, a vezes en *g*; asi como quien dize *bux*, *flux*, que se escriuen con *x* y fazen son de *g*; *fix* escriuese con *x* y faze son de *c*.

La *z* algunas uezes en el fin tiene son de *c*: *pec* por *pescado*, que se escriue con *c* e tiene son de *z*; otras vezes es semisonante *prez*.

Las uocales son çinco: *a, e, o, u*; porque la *v* es la quinta, sirue en la cuenta por cinco.

Las mutas son nueue: *b, c, d, f, g, k, p, q, t*.

Las semiuocales son çinco: *l, m, n, r, s*.

Las extraordinarias son tres: *x, y, z*.

Los sinos son dos: *h, ⊤* [tilde].

La *l* en la cuenta se toma por çincuenta, porque es la quinta de las semiuocales, e primera dellas.

dexaron de llamarse semiuocales, e llamaronse liquidas.

Ponense unas letras por otras:

a se muda *e z*, az; *b* por *p*: cabdinal, capdinal; *c* por *k*; *d* en *t*: *cibdad, cibdat*; la *m* en *n*: *compromisso* (algunos se atreuen a escreuir *conpromisso*); la *f* se muda en *p* ayudada de la aspiraçion *h*, como quien dize *Phelipe*; la *o* en *u*: *peconia, pecunia*; *furca, forca*; la *u* latina siempre se muda en castellano en *o*; la *g* se muda en *i*: *juego, ihus*; la *j* en *g*: *gentil*; la *c* se muda en *z*: *Zamora, Gormaz, Gormaç*; la *b* se pone por la *p*: *estribo* auiase de dezir *estripo*, deriuandose de *pie*; en lugar de *d* se pone *t* en fin de dicion: *breuedat*; por la *f* se pone *p*, como quien dize *philosopho*; por la *g* se pone *j*, como quien dize *junça*; por la *k* se pone *c*, como quien dize *cauallo*; por la *m* se pone *n*, como quien dize *tienpo*, ca se auia de escreuir con *m*, pero segun el uso moderno se escriue con *n*; la *p* se muda en *b*, como quien dize *cabdillo*, que se auia de poner con *p*; la *q* por *c*, como en **quantidad**.

Algunas letras que se ponen e no se pronuncian:

Quien dize *philosophía* pronunçia *f*, e no se pone; quien dize *cuñyo* pronunçia *q*, e no se pone; *cantar* pronunçia *k* e no se pone; *sciencia* ponese *s* y no se pronunçia; *psalmo* ponese *p* e no se pronunçia; *honor* ponese *h* e no se pronunçia; *ha*, por *tiene*, ponese *h* e no se pronunçia; en los nombres propios ponese *h* e no se pronunçia: *Marcho*.

la *e*, quando viene despues de muta, no suena sino el son de la muta, porque termina en ella; asi como *Be*, que faze son de *b* e se encubre la *e*; e esto acaeçe porque en el leer no se pone letra pronunçiada por si, sino copulada con otra, saluo las uocales, que se ponen en algun lugar por si: asi como la *o* en la dijuntiua, e la *e* en la conjuntiua, e la *a* en la relatiua.

e aquellas letras que se ponen e no se pronunçian segun el comun uso, algo añaden al entendimiento e significacion de la diçion donde son puestas:

[aqui puede entrar *magnifico*, *sancto*, *doctrina*, *signo*, etc.]

[De la situacion de las letras segun los trobadores antiguos.]

Situaron en tal manera las letras que fiziesen buena euphonia siquiere plazible son, e se desuiaron de aquella posicion de letras, que fazia son despazible, e por eso, en fin de diçion, donde era menester doblar la *l*, ponen una *h*, en lugar de la postrimera *l*, como quien dize *metalh*, por temprar el rigor de la segunda *l* con la aspiraçion de la *h*; e donde venia *g* en medio de diçion sonante fuerte, ponenle antes una *t*, asi como por dezir *linagge* ponen *linatge*, *paratge*; esto se haze en la lengua limosina. En la castellana lo

imitan en *mucho*, que aquel *mu* suena debilemente e
anyadieronle una tilde en lugar de *n* entre la *u* y la *c*,
e escriuen *mucho*, o por dezir *como* escriuen *como*; e
porque la D, quando viene çerca de *o* siguiente
suena debilemente, añyadieronle una *g*, como por
decir *portado*, *portadgo*, *infatado*, *infatadgo*, e entonces
suena la *d*. e porque la *h* en principio de diçion faze
la espiraçion abundosa, en algunas diçiones, pusieron
en su lugar *f*, por temprar aquel rigor, asi como por
dezir *hecho* ponen *fecho*, e por *herando*, *ferando*. e por
dezir *meyo* dizen *medio*.

e algunos por templar el rigor de la *r* ponen en
su lugar *l*; asi como por dezir *prado* dizen *plado*.

Quando la *a* se encuentra con la *t*, difusca el son;
por eso le acorren con una *c* en medio; asi como por
dezir *pratica* escriuen *practica*; e segun el antiguo
uso, *chi* dezie *qui* e *che* dizie *que*; e para le fazer
dezir *chi* añyade otra *c*, como quien dize *acchilles* o
saccheo; e por dezir *año*, que ponen en lugar de la
segunda *n* una *y* griega, asi *añyo*, que adulça el son;
e la tilde suple la boz de la *n* que se quita.

e quando la *i* se encuentra con la *s* suena poco, e
por eso la ayudan con la consonancia de la *x* en
medio; asi, como por dezir *misto* se pone *mixsto*;
tiene la *e* la misma condiçion, e asi, por dezir *testo*
se escriue *texsto*.

e quando la *n* se encuentra con la *t* suena debilemente, e para le fazer sonar, acorrenle con una *c*,
como por dezir *tanto* se escriue *tancto*.

e la *c*, quando es puesta entre vocales, faze agro
son; e por lo temprar, en su lugar ponen *t*, pronun-
ciandola como *c*, con muelle son, como quien dize
illumination.

e la *x* al principio retrae el son de *s*; mas faze el son mas lleno, e por eso por dezir *setaf* escriuen *xetaf*.

e quando la *o* se encuentra con la *b* en medio de dicion detiene la boz, e por eso en su lugar ponen *v*, como por dezir *cobdo* escriuen *coudo*. E quando la *y* griega sigue a la *e* en medio de dicion, faze detener la boz, e por eso en su lugar ponen *g*, como por dezir *Reyno*, que escriuen *Regno*.

Guardaronse los trobadores de poner un uocablo que començase en uocal tras otro que acabase en ella; como *casa alta*, que aquellas dos aes confonden y detienen la boz; tambien aconteçe esto en la *r*: *fazer razon*; e quando el precedente acaba en *s* y el siguiente comiença por *r*: *tres Reyes*; ay desto sus excepciones, que se sufren poner estas voca les o letras, arriba dichas, en fin de pausa, donde se descansa, o en medio de bordon, y entonces no es incouiniente que la pausa siguiente comiençe asi; exemplos:

> Tancto fuy de uos pagado
> olvidar que no lo puedo;

o quien dize:

> Quien de trobar, reglas primero dio;

o quien dize:

> Quando querras resçebir la dotrina;

y del todo se quita el inconuiniente, quando la una viene en fin de bordon, e la otra en el bordon siguiente inmediato como quien dize:

> Vuestra bondat por ser de mi loada
> aura sazon sea mas conoçida.

Tambien quando es diptongo en que se acaba el uocablo, puede el que se sigue començar en uocal, como quien dize:

> Cuydado tengo yo de ti, ay alma,
> por tu mal fazer;

venir un diptongo en pos de otro, sin medio de otra dicion, faze mal son, e abrir mucho la garganta, como quien dize:

> Pues que soy yunque sufrire.

Tambien es son impertinente acabar la dicion en *m* e la otra començar en vocal, aunque se salua por la sinelimpha, figura de quien se dira en la distinçion terçera.

y quando acaba una en consonante, y otra comiença en ella, prinçipalmente si fueren de un son, como quien dize *corral losado*, *paret tasa* o *calles secas*.

E asi hizieron en otras muchas: como en lugar de *teçer*, que suena graçialmente, dixeron *texer*, quitando la *c* e puniendo la *x*, que abiua el son de aquella diçion, e por *fisar*, *fixar*; e la diçion *linage*, *linagge*, para abiuar la *a*; en *Cristo Cripsto*.

ABREUIATURAS DE DIUERSAS SCIENCIAS

ORTHOGRAPHIA

los grammaticos: los casos n^o, g^o, d^o, A^o, v^o, a^o.

los logicos: arg^o argumento, sil^o silogismo, sub^o, $predi^o$.

los Rhet.: $desmost^{um}$, Delibt~, $judici^l$. $iumen^n$. $dispusi^{on}$.

los Arism: ci~, iunt~, mengr por menguar, mltip^car.

los legistas: ponen por digestos dos ff, porque los griegos dicen esta figura digama, siquier doble g, e porque tiene comienzo de dig, ponenlo por digestis; por parrafo ponen; por codice, c; por ley, L; e por re Iudicata, r. ju; canonistas, li. pe., lite pendente; PP, papa; q, question; cō, consagracion.

los mercaderes: por sueldo ponen ſſ; por florin, flō; por dobla, dōā; por cafiz [aora dezimos cahiz], cf~; por fanega, f~; por trigo, t⁰; por çeuada, c̄; por dinero, D; por marauedi, ♒.

[y la guia de la madre era la sangre del hijo.]

lo que aora dezimos soberano en los libros antiguos está somerano, que parece que viene de summus. En el libro de Ramon Lull de Mallorca: e si por auentura ellos sopiesen la manera como nos creemos en la somerana e diuina trinidad.

pieça, vocablo equiuoco; pieça por aposento, pieça por espacio de tiempo, pieça por pedaço, pieça de vaca, pieça de paño.

> [En acordarme quien fui
> la memoria me lastima.]

GRAMATICA CASTELLANA

POR

ANTONIO DE LEBRIJA

✫

LIBRO II

EN QUE TRATA DE LA PROSODIA E SILABA

✫

CAPITULO PRIMERO

DE LOS ACIDENTES DE LA SILABA

Despues que en el libro passado disputamos de la letra: e como se avia de escrevir en el castellano cada una de las partes de la oracion: segun la orden que pusimos en el comienzo desta obra: siguese agora de la silaba: la cual como diximos responde a la segunda parte de la gramatica que los griegos llaman prosodia. Silaba es un aiuntamiento de letras: que se pueden coger en una herida de la boz e debaxo de un acento. Digo aiuntamiento de letras: porque cuando las vocales suenan por si: sin se mezclar con las consonantes propriamente no son silabas.

Tiene la silaba tres accidentes. numero de letras. longura en tiempo. altura e baxura en accento. Assi que puede tener la silaba impropriamente assi llamada una sola letra si es vocal: como. *a.* puede tener dos como. *ra.* puede tener tres como. *tra.* puede tener cuatro como. *tras.* puede tener cinco si dos vocales se cogen en diphthongo: como en la primera silaba de *treinta.* de manera que una silaba no puede tener mas de tres consonantes: dos antes de la vocal: e una despues della. El latin puede sufrir en una silaba cinco consonantes con una vocal: e por consiguiente seis letras en una herida: como lo diximos en la orden de las letras.

Tiene esso mesmo la silaba longura de tiempo: porque unas son cortas: e otras luengas: lo cual sienten la lengua griega e latina. e llaman silabas cortas e breves a las que gastan un tiempo en su pronunciacion. luengas a las que gastan dos tiempos. como diziendo *corpora*. la primera silaba es luenga. las dos siguientes breves. assi que tanto tiempo se gasta en pronunciar la primera silaba: como las dos siguientes: mas el castellano no puede sentir esta diferencia: ni los que componen versos pueden distinguir las silabas luengas de las breves: no mas que la sintian los que compusieron algunas obras en verso latino en siglos passados: hasta que agora no se por que providencia divina comienza este negocio a se despertar. Y no desespero que otro tanto se haga en nuestra lengua: si este mi trabajo fuese favorecido de los ombres de nuestra nacion. Y aun no parara aqui nuestro cuidado: hasta que demostremos esto mesmo en la lengua ebraica. Porque como escriven Origenes Eusebio. e Ieronimo: e de los mesmos judios Flavio: Iosefo: gran parte de la sagrada escriptura esta compuesta en versos por numero peso e medida de silabas luengas e breves. Lo cual ninguno de cuantos judios oi biven: siente ni conoce: sino cuando veen muchos lugares de la biblia escriptos en orden de verso. Tiene tan bien la silaba altura e baxura: porque de las silabas unas se pronuncian altas: e otras baxas. lo cual esta en razon del acento: de que avemos de tratar en el capitulo siguiente.

CAPITULO II

DE LOS ACENTOS QUE TIENE
LA LENGUA CASTELLANA

Prosodia en griego sacando palabra de palabra: quiere decir en latin acento: en castellano quasi canto. Porque como dize Boecio en la musica: el que habla que es oficio proprio del ombre: e el que reza versos que llamamos poeta: e el que canta que dizimos musico: todos cantan en su manera. Canta el poeta no como el que habla: ni menos como el que canta: mas una media manera. e assi dixo Virgilio en el principio de su Eneida. *Canto las armas e el varon.* e nuestro Juan de Mena. *Tus casos falaces fortuna cantamos.* e en otro lugar. *Canta tu cristiana musa.* e assi el que habla: porque alça unas silabas: e abaxa otras: e en alguna manera canta. Assi que ai en el castellano dos acentos simples: uno por el cual la silaba se alça: que llamamos agudo. otro por el cual la silaba se abaxa: que llamamos grave como en esta dicion *señor.* la primera silaba es grave. e la segunda aguda. e por consiguiente la primera se pronuncia por acento grave, e la segunda por acento agudo. Otros tres acentos tiene nuestra lengua compuestos solamente en los diphthongos. El primero de agudo e grave que podemos llamar deflexo. Como en la primera silaba de *causa.* El segundo de grave e agudo: que podemos llamar inflexo. como en la primera silaba de *viento.* El tercero de grave e agudo e grave: que podemos llamar circunflexo. como en esta dicion de una silaba *buei.* Assi que sea la primera regla del acento simple: que cualquiera palabra no solamente en nuestra lengua mas en cualquiera otra que sea:

tiene una silaba alta: que se enseñorea sobre las otras:
la cual pronunciamos por acento agudo: e que todas
las otras se pronuncian por acento grave. De manera
que si tiene una silaba: aquella sera aguda. si dos
o mas: la una de ellas como en estas dicciones *sal*.
saber. sabidor. las ultimas silabas tienen acento agudo:
e todas las otras acento grave. La segunda regla sea
que todas las palabras de nuestra lengua comunmente
tienen el acento agudo en la penultima silaba. e en
las diciones barbaras o cortadas del latin en la ultima
silaba muchas veces: e mui pocas en la tercera:
contando desde el fin. e en tanto grado rehusa nuestra
lengua el acento en este lugar: que muchas vezes
nuestros poetas pasando la palabras griegas e latinas
al castellano: mudan el acento agudo en la penultima:
teniendolo en la que esta antes de aquella. Como Juan
de Mena. *A la biuda Penelópe*. y *al hijo de liriópe*.
Y en otro lugar. *Con toda la otra mundana machina*.
La tercera regla es de Quintiliano: que cuando alguna
dicion tuviere el acento indiferente a grave e agudo:
avemos de determinar esta confusion e causa de error:
poniendo encima de la silaba que ha de tener el acento
agudo un rasguito que el llama apice: el cual suba
de la mano siniestra a la diestra: cual lo vemos
señalado en los libros antiguamente escriptos. Como
diziendo *amo*. esta palabra es indiferente a *io. ámo*.
e *alguno amó*. Esta ambigüedad e confusion de
tiempos e personas ase de distinguir por aquella
señal poniendola sobre la primera silaba de *ámo*
cuando es de la primera persona del presente del
indicativo. o en la ultima silaba, cuando es de la
tercera persona del tiempo passado acabado del
mesmo indicativo. La cuarta regla es: que si el acento

esta en la silaba compuesta de dos vocales por diphthongo: e la final es. *i. u.* la primera dellas es aguda
e la segunda grave: e por consiguiente tiene acento
deflexo: como en estas diciones *gaita. veinte. oi.
mui. causa. deudo. biuda.* las primeras vocales del
diphthongo son agudas: e las siguientes graves. La
quinta regla es: que si el acento esta en silaba compuesta de dos vocales por diphthongo: e la final es.
a. e. o. la primera dellas es grave e la segunda aguda:
e por consiguiente tiene acento inflexo. como en
estas diciones: *codiciá. codicié. codició. cuando. fuérte.*
las primeras del diphthongo son graves e las segundas
son agudas. La sexta regla es: que cuando el acento
esta en silaba compuesta de tres vocales: si la de
medio es. *a. e.* la primera e ultima son graves e la
de medio aguda e por consiguiente tiene acento circunflexo. como en estas diciones *desmaidis. ensaidis.
desmaiéis. ensaiéis. guái. aguditar. buéi. buéitre.* Mas
si la final es. *e.* aguzase aquella: e quedan las dos
vocales primeras graves: e por consiguiente en toda
la silaba acento circunflexo. como en estas diciones.
poisuélo. arroiuélo.

CAPITULO III

EN QUE PONE REGLAS PARTICULARES DEL ACENTO DEL VERBO

Los verbos de mas de una silaba en cualquier con-
jugagacion. modo. tiempo. numero e persona. tienen
el acento agudo en la penultima silaba. como en
amo. amas. leo. lees. oio. oies. sacase la primera e
tercera persona del singular del passado acabado del

indicativo: porque passan el acento agudo a la silaba final. como diziendo. *io amé. alguno amó.* Salvo los verbos que formaron este tiempo sin proporcion alguna como diremos en el capitulo sexto del quinto libro. Como de *andar. io anduve. alguno anduvo.* de *traer. traxe. alguno traxo.* de *dezir. dixe. alguno dixo.*

Sacanse tan bien la segunda persona del plural del presente del mesmo indicativo e del imperativo e del futuro del optativo e del presente del subiunctivo e del presente del infinitivo cuando reciben cortamiento. como diziendo *vos amáis. vos amad.* o *amá. vos améis. amár.* Sacanse esso mesmo la primera e segunda persona del plural del passado no acabado del indicativo: e del presente e passado del optativo e del passado no acabado e del passado mas que acabado e futuro de subjunctivo: porque passan el acento agudo a la antepenultima. como diziendo *nos amávamos. vos amávades. nos amássemos. vos amássedes. nos amáramos. vos amárades. nos amáriamos. vos amáriades. nos amáremos, vos amáredes.*

Pero cuando en este lugar hazemos cortamiento: queda el acento en la penultima. como diziendo *cuando vos amardes* por *amáredes.*

CAPITULO IV

EN QUE PONE REGLAS PARTICULARES DE LAS
OTRAS PARTES DE LA ORACION

Como diximos arriba: proprio es de la lengua castellana tener el acento agudo en la penultima silaba: o en la ultima cuando las diciones son barbaras o cortadas del latin: e en la antepenultima muy pocas

vezes: e aun comunmente en las diciones que traen
consigo en aquel lugar el acento del latin. Mas porque
esta regla general dessea ser limitada por excepcion:
ponemos aqui algunas reglas particulares.

Las diciones de mas de una silaba que acaban en.
a. tienen el acento agudo en la penultima como *tierra.
casa.* sacanse algunas diciones peregrinas que tienen
el acento en la ultima como *alvalá. alcalá. alá. cabalá.*
e de las nuestras *quiçá. acá. allá. acullá.*

Muchas tienen el acento en la antepenultima como
estas. *pérdida. uéspeda. bóveda. búsqueda. mérida.
ágreda. úbeda. águeda. pértiga. águila. almáciga.
alhóndiga. luziérnaga. málaga. córcega. cítola. cédula.
brúxula. carátula. çávila. ávila. gárgola. tórtola. péñola.
opéndola. oropéndola. albórbola. lágrima. cáñama.
xáquima. ánima. sávana. árguena. almádana. almo-
jávana. cártama. lámpara. píldora. cólera. pólvora.
cántara. úlcera. cámara. alcándara. alcántara. víspera.
mandrágora. apóstata. cárcava. xátiva. alféreza.* En.
d. tienen el acento agudo en la ultima silaba como
virtud. bondad. enemistad. Sacanse. *uesped* e *cesped.*
los cuales tienen el acento agudo en la penultima en
el plural: de los cuales queda el acento agudo assen-
tado en la misma silaba. e dezimos. *uéspedes. cépedes.*

En. *e*. tienen el acento agudo en la penultima como
lindje. tóque. Sacanse *alquilé. rabé*: que tienen acento
agudo en la ultima. e en la ante penultima aquestos
ánade. xénabe. adáreme.

En. *i*. tienen el acento agudo en la ultima *silaba*
como *borceguí. maravedí. aljonjolí.* E los que acaban
en diphthongo siguen las reglas que arriba dimos
de las diciones diphthongadas. como *lei. rei. buei.*

En. *l*. tienen el acento agudo en la ultima silaba.

como *animal. fiel. candil. alcohol. azul.* Sacanse algunos que los tienen en la penultima. como estos. *marmol. arbol. estiercol. mastel. datil. angel.* Los cuales en el plural guardan el acento en aquella mesma silaba. E assi dezimos. *marmoles. arboles. estiercoles. masteles. datiles. angeles.*

En. *n.* tienen el acento agudo en la ultima silaba. Como *truā. rehē. ruín. leā. atū.* Sacanse *virgen. origen.* e *orden.* que tienen el acento agudo en la penultima: e guardālo. en aquel mesmo lugar en el plural. e assi dezimos *origenes. virgenes. ordenes.*

En. *o.* tienen el acento agudo en la penultima. como *libro. cielo. bueno.* Sacanse algunos que lo tienen en la antepenultima. como *filósofo. lógico. gramático. médico. arsénico. párpado. pórfido. úmido. hígado. ábrigo. canónigo. tárcago. muérdago. galápago. espárrago. relámpago. piélago. arávigo. murciélago. idrópigo. alhóstigo. búfalo. cernícalo. titulo. séptimo. décimo. último. legítimo. préstamo. álamo. gerónimo. távano. rávano. úerfano. órgano. orégano. zángano. témpano. cópano. burdégano. peruétano. gálbano. término. almuédano. búzano. cántaro. niéspero. bárbaro. áspero. páxaro. género. álvaro. lázaro. ábito. gómito.*

En. *r.* tienen el acento agudo en la ultima silaba. como *azar. muger. amor.* Sacanse algunos que la tienen en la penultima como *acíbar. aljófar. atíncar, açúcar, azófar. albeítar. ánsar. tíbar. alcáçar. alfámar. césar.* e retienen en el plural el acento en aquella mesma silaba. como diziendo. *ánsares. alcáçares. alfámares. césares.*

En. *s.* tienen el acento agudo en la ultima. como diziendo *compás. pavés. anís.* Sacanse *ércules. miércoles.* que lo tienen en la antepenultima.

En. *x*. todos tienen el acento agudo en la ultima silaba. como *borrax*. *balax*. *relox*.

En. *z*. tienen el acento agudo en la ultima silaba. como *rapaz*. *xerez*. *perdiz*. *badajoz*. *andaluz*. Sacanse algunos que lo tienen en la penultima. como. *alférez*. *cáliz*. *méndez*. *díaz*. *martinez*. *fernández*. *gómez*. *cález*. *túnez*. Y destos los que tienen plural retienen el acento en la mesma silaba e assi dezimos *alférezes*. *cálices*.

En *b. c. f. q. h. m. p. t. u*. ninguna palabra castellana acaba. e todas las que recibe son barbaras e tienen el acento en la ultima silaba. como *jacób*. *melchisedéc*. *joséph*. *magóg*. *abrahám*. *ardít*. *ervatú*.

CAPITULO V

DE LOS PIES QUE MIDEN LOS VERSOS

Porque todo aquello que dezimos o esta atado debaxo de ciertas leies: lo cual llamamos verso: o esta suelto dellas: lo cual llamamos prosa: veamos agora: que es aquello que mide el verso: e lo tiene dentro de ciertos fines: no dexandolo vagar por inciertas maneras. Para maior conocimiento de lo cual avemos aqui de presuponer aquello de Aristoteles: que en cada genero de cosas ai una que mide todas las otras: e es la menor en aquel genero. Assi como en los numeros es la unidad: por la cual se miden todas las cosas que se cuentan. porque no es otra cosa ciento: sino cien unidades. Y assi en la musica lo que mide la distancia de las bozes es tono o diesis. lo que mide las cantidades continuas es o pie o vara o passada. Y por consiguiente los que quisieron

medir aquello que con mucha diligencia componian
o razonavan. hizieronlo por una medida la cual por
semejanza llamaron pie: el cual es lo menos que
puede medir el verso e la prosa. Y no se espante
ninguno por que dixe que la prosa tiene su medida:
porque es cierto que la tiene: e aun por aventura
mui mas estrecha que la del verso: segun que escriben
Tulio e Quintiliano en los libros en que dieron preceptos
de la retorica. Mas de los numeros e medida de la
prosa diremos en otro lugar: agora digamos de los
pies de los versos: no como los toman nuestros poetas:
que llaman pies a los que avian de llamar versos:
mas por aquello que los mide: los cuales son unos
assientos o caidas que haze el verso en ciertos lugares.
Y assi como la silaba se compone de letras: assi el
pie se compone de silabas. Mas porque la lengua
griega e latina tienen diversidad de silabas luengas
e breves: multiplicanse en ellas los pies en esta
manera. Si el pie es de dos silabas: o entrambas son
luengas. o entrambas son breves. O la primera
luenga e la segunda breve. o la primera breve e
la segunda luenga. e assi por todos son cuatro pies
de dos silabas. *spondeo. pirricheo. trocheo. iambo.* Si
el pie tiene tres silabas o todas tres son luengas e
llamasse *molosso* o todas tres son breves e llamase
tribraco. o las dos primeras luengas e la tercera breve
e llamase *antibachio.* o la primera luenga e las dos
siguientes breves. e llamase *dactilo.* o las dos primeras
breves e la tercera luenga e llamase *anapesto.* o la
primera breve e las dos siguientes luengas e llamase
antipasto. o la primera e ultima breves e la de medio
luenga. e llamase *anfibraco.* o la primera e ultima
luengas e la de medio breve. e llamase *anfimacro.*

e assi son por todos ocho pies de tres silabas. Y por
esta razon se multiplican los pies de cuatro silabas:
que suben a diez e seis. Mas porque nuestra lengua
no distingue las silabas luengas de las breves: e todos
los generos de los versos regulares se reduzen a dos
medidas: la una de dos silabas: la otra de tres:
osemos poner nombre a la primera *spondeo*: que es de
dos silabas luengas: a la segunda *dactilo* que tiene
tres silabas la primera luenga e las dos siguientes
breves: porque en nuestra lengua la medida de dos
silabas e de tres: tienen mucha semejança con ellos.
Ponen muchas vezes los poetas una silaba demasiada
despues de los pies enteros: la cual llaman *medio pie*
o *cesura*: que quiere dezir *cortadura*: mas nuestros
poetas nunca usan della sino en los comienzos de
los versos donde ponen fuera de cuento aquel medio
pie: como mas largamente diremos abaxo.

CAPITULO VI

DE LOS CONSONANTES E QUAL E QUE COSA
ES CONSONANTE EN LA COPLA

Los que compusieron versos en ebraico griego e
latin: hizieronlos por medida de silabas luengas e
breves. Mas despues que con todas las buenas artes
se perdio la gramatica: e no supieron distinguir entre
silabas luengas e breves: desataronse de aquella lei
e pusieronse en otra necessidad de cerrar cierto
numero de silabas debaxo de consonantes. Tales
fueron los que despues de aquellos santos varones
que echaron los cimientos de nuestra religion: compusieron himnos por consonantes: contando sola-

mente las silabas non curando de la longura e tiempo
dellas. El cual ierro con mucha ambicion e gana los
nuestros arrebataron. E lo que todos los varones
doctos con mucha diligencia avian e rehusavan por
cosa viciosa: nosotros abraçamos como cosa de mucha
elegancia e hermosura. Porque como dize Aristoteles
por muchas razones avemos de huir los consonantes.

La primera porque las palabras fueron halladas para
dezir lo que sentimos: e no por el contrario el sentido
ha de servir a las palabras. Lo cual hazen los que
usan de consonantes en las clausulas de los versos:
que dizen lo que las palabras demandan: e no lo
que ellos sienten. La segunda porque en habla no
ai cosa que mas ofenda las orejas: ni que maior hastio
nos traiga: que la semejança: la cual traen los consonantes entre si. E aunque tulio ponga entre los
colores retoricos: las clausulas que acaban o caen en
semejante manera: esto ha de ser pocas vezes: e no
de manera que sea mas la salsa quel manjar. La
tercera porque las palabras son para traspasar en las
orejas del auditor: aquello que nosotros sentimos
teniendo lo atento en lo que queremos dezir. mas
usando de consonantes el que oie no mira lo que se
dize: antes esta como suspenso esperando el consonante que se sigue. Lo cual conociendo nuestros
poetas expienden en los primeros versos lo vano e
ocioso: mientras que el auditor esta como atonito.
e guardan lo maciço e bueno para el ultimo verso de
la copla: porque los otros desvanecidos de la memoria:
aquel solo quede asentado en las orejas. Mas porque
este error e vicio ia esta consentido e recibido de
todos los nuestros: veamos cual e que cosa es consonante. Tulio en el cuarto libro de los retoricos dos

maneras pone de consonantes. una cuando dos palabras o muchas de una especie caen en una manera por declinacion: como Juan de Mena.

> *Las grandes hazañas de nuestros señores.*
> *Dañadas de olvido por falta de auctores.*

Señores e *auctores* caen en una manera: porque son consonantes en la declinacion del nombre. Esta figura los gramaticos llaman omeoptoton. tulio interpretola *semejante* caida. La segunda manera de consonante es cuando dos o muchas palabras de diversas especies acaban en una manera como el mesmo autor.

> *Estados de gentes que giras e trocas.*
> *Tus muchas falacias tus firmezas pocas.*

Trocas e *pocas* son diversas partes de la oracion: e acaban en una manera. a esta figura los gramaticos llaman omeopteleuton. Tulio interpretola *semejante déxo.* Mas esta diferencia de consonantes no distinguen nuestros poetas: aunque entre si tengan algun tanto de diversidad. Assi que sera el consonante caida o déxo conforme de semejantes o diversas partes de la oracion. Los latinos pueden hazer consonante desde la silaba penultima o de la antepenultima siendo la penultima grave. Mas los nuestros nunca hazen el consonante sino desde la vocal: donde principalmente esta el acento agudo en la ultima o penultima silaba. Lo cual acontece: porque como diremos abaxo: todos los versos de que nuestros poetas usan: o son jambicos ipponaticos: o adonicos en los cuales la penultima es siempre aguda: o la ultima cuando es aguda e vale por dos silabas. Y si la silaba de donde comiença ase determinar el consonante es compuesta de dos vocales o tres cogidas por diphthongo: abasta que se consiga la semejança de letras desde la silaba o vocal donde esta el acento agudo. assi que no sera consonante entre *treinta* e *tinta*. mas sera entre *tierra* e *guerra*. Y aunque Juan de Mena en la coronacion hizo consonantes entre proverbios e soverbios: puedese escusar por lo que diximos de la vezindad que tienen entre sí la. *b*. con la. *u*. consonante. Nuestros maiores no eran tan ambiciosos en tassar los consonantes e harto les parecia que bastava la semejança de las vocales aunque non se consiguiesse la de las consonantes. e assi hazian consonar estas palabras *santa*. *morada*. *alva*. Como en aquel romance antiguo:

Digas tu el ermitaño que hazes la vida santa;
Aquel ciervo del pie blanco donde hace su morada.
Por aqui passo esta noche una hora antes del alva.

CAPITULO VII

DE LA SINALEPHA E APRETAMIENTO DE LAS VOCALES

Acontece muchas vezes: que cuando alguna palabra acaba en vocal e si se sigue otra que comiença esso mesmo en vocal: echamos fuera la primera dellas como Juan de Mena en el Labirintho. *Hasta que al tiempo de agora vengamos*.

Despues de que *e* le sigue sse. *a*. *i* echamos la *e*. pronunciando en esta manera. *Hasta qual tiempo de agora vengamos*.

A esta figura los griegos llaman *sinalepha*. los latinos *compression*. nosotros podemosla llamar *ahogamiento de vocales*. Los griegos ni escriven ni pronuncian la vocal que echan fuera assi en verso como en prosa.

Nuestra lengua esso mesmo con la griega assi en verso como en prosa a las vezes escrive e pronuncia aquella vocal: aunque se siga otra vocal. como Juan de Mena. *Al gran rey de españa al cesar novelo.*

Despues de. *a.* siguese otra. *a.* pero no tenemos necessidad de echar fuera la primera dellas. E si en prosa dixesses: *tu eres mi amigo*: ni echamos fuera la. *u.* ni la. *i.* aunque se siguieron. *e. a.* vocales. A las vezes ni escrivimos ni pronunciamos aquella vocal como Juan de Mena. *Despues quel pintor del mundo.*

Por dezir. *Despues que el pintor de el mundo.*

A las vezes escrivimos la *a*: e no la pronunciamos como el mesmo autor en el verso siguiente *Para nuestra vida ufana.*

Callamos la: *a.* e dezimos *Para nuestra vidufana.*

E esto no solamente en la necessidad del verso: mas aun en la oracion suelta. Como si escriviesses. *nuestro amigo esta aqui.* puedeslo pronunciar como se escrive. e por esta figura puedeslo pronunciar en esta manera *nuestramigo staqui.* Los latinos en prosa siempre escriven e pronuncian la vocal en fin de la dicion aunque despues della se siga otra vocal. En verso escrivenla e non la pronuncian. Como Juvenal. *Semper ego auditor tantum.*

Ego acaba en vocal. e siguese *auditor* que comiença esso mesmo en vocal. Echamos fuera la. *o.* e dezimos pronunciando. *Semper egauditor tantum.*

Mas si desatassemos el verso: dexariamos entrambas aquellas vocales: e pronunciariamos. *Ego auditor tantum.*

Tienen tambien los latinos otra figura semejante a la sinalepha la cual los griegos llaman *etlipsi.* nosotros

podemosla llamar duro encuentro de letras. e es
cuando alguna dicion acaba en. *m*. e se sigue dicion
que comienza en vocal: entonces los latinos por no
hazer metacismo que es fealdad de la pronunciacion
con la. *m*. echan fuera aquella. *m*. con la vocal que
esta silabicada con ella. Como Virgilio. *Venturum
excidio libyae*. donde pronunciamos. *Ventur excidio
libye*. Mas esta manera de metacismo no la tienen
los griegos ni nosotros. porque en la lengua griega
e castellana ninguna dicion acaba en. *m*. porque como
dize Plinio en fin de las diciones siempre suena un
poco escura.

CAPITULO VIII

DE LOS GENEROS DE LOS VERSOS QUE ESTAN
EN EL USO DE LA LENGUA CASTELLANA: E
PRIMERO DE LOS VERSOS JAMBICOS

Todos los versos cuantos io e visto en el buen uso
de la lengua castellana: se pueden reduzir a seis
generos. porque o son monometros o dimetros o
compuestos de dimetros e monometros o trimetros.
o tetrametros o adonicos senzillos. o adonicos doblados. Mas antes que examinemos cada uno de
aquestos seis generos: avemos aqui de presuponer
e tornar a la memoria: lo que diximos en el capitulo
octavo del primero libro: que dos vocales e aun
algunas vezes tres se pueden coger en una silaba.
Esso mesmo avemos aqui de presuponer lo que
diximos en el quinto capitulo deste libro: que en
comienço del verso podemos entrar con medio pie
perdido: el cual no entra en el cuento e medida con

los otros. Tan bien avemos de presuponer lo que
diximos en el capitulo passado: que cuando alguna
dicion acabare en vocal: e se siguiere otra que
comience esso mesmo en vocal: echamos algunas
vezes la primera dellas. El cuarto presupuesto sea
que la silaba aguda en fin del verso vale e se ha de
contar por dos: porque comunmente son cortadas
del latin. como *amar* de *amare*. *amad* de *amade*. Assi
que el verso que los latinos llaman monometro:
e nuestros poetas pie quebrado: regularmente tiene
cuatro silabas: e llamanle assi porque tiene dos
pies espondeos. e una medida o assiento. Como el
Marques en los proverbios.

> *Hijo mio mucho amado*
> *Para mientes.*
> *No contrastes a las gentes.*
> *Mal su grado.*
> *Ama: e seras amado.*
> *Y podras.*
> *Hazer lo que no haras.*
> *Desamado.*

Paramientes. e *mal su grado*. son versos monometros regulares: porque tienen cada cuatro silabas
e aunque *paramientes* parece tener cinco: aquellas no
valen mas de cuatro: porque. *ie*. es diphthongo: e vale
por una segun el primero presupuesto. puede este
verso tener tres silabas si la final es aguda. como en
la mesma copla: *Y podras*. Aunque *i podras* no tiene
mas de tres silabas: valen por cuatro segun el cuarto
presupuesto. Puede entrar este verso con medio pie
perdido por el segundo presupuesto. e assi puede
tener cinco silabas. Como don Jorge Manrique.

Un constantino en la fe.
Que mantenia.

Que mantenia tiene cinco silabas. las cuales valen por cuatro. porque la primera no entra en cuenta con las otras. Y por esta mesma razon puede tener este pie cuatro silabas aunque la ultima sea aguda: e valga por dos. Como el marques en la mesma obra.

Solo por aumentacion.
De umanidad.

De *umanidad* tiene cuatro silabas o valor dellas: porque entro con una perdida. e echo fuera la. *e*. por el tercero presupuesto. e la ultima vale por dos: segun el cuarto. El dimetro iambico que los latinos llaman quaternario e nuestros poetas pie de arte menor e algunos de arte real: regularmente tiene ocho silabas e cuatro espondeos. llamaronle dimetro: porque tiene dos assientos. quaternario porque tiene cuatro pies. Tales son aquellos versos a los cuales arrimavamos los que nuestros poetas llaman pies quebrados. en aquella copla.

Hijo mio mucho amado.
No contrastes a las gentes.
Ama e seras amado.
Hazer lo que no harás.

Hijo mio mucho amado tiene valor de ocho silabas: porque la. *o*. desta partezilla mucho se pierde por el tercero presupuesto. esso mesmo puede tener siete: si la final es aguda. porque aquella vale por dos segun el ultimo presupuesto: como en aquel verso. *Hazer lo que no podrás.*

Hazemos algunas vezes versos compuestos de dimetros e monometros. como en aquella pregunta.

> *Pues tantos son los que siguen la passion.*
> *Y sentimiento penado por amores:*
> *A todos los namorados trobadores.*
> *Presentando les demando tal quistion.*
> *Que cada uno provando su entincion:*
> *Me diga que cual primero destos fue.*
> *Si amor o si esperança. o si fe.*
> *Fundando la su respuesta por razon.*

El trimetro jambico que los latinos llaman senario. regularmente tiene doze silabas. e llamaronlo trimetro: porque tiene tres assientos. senario: porque tiene seis espondeos. en el castellano este verso no tiene mas de dos assientos en cada tres pies uno. como en aquellos versos.

> *No quiero negaros Señor tal demanda.*
> *Pues vuestro rogar me es quien me lo manda.*
> *Mas quien solo anda cual veis que io ando.*
> *No puede aunque quiere cumplir vuestro mando.*

El tetrametro iambico que llaman los latinos octonario: e nuestros poetas pie de romances: tiene regularmente diez e seis silabas. e llamaranlo tetrametro porque tiene cuatro assientos. octonario porque tiene ocho pies. como en este romance antiguo.

> *Digas tu el ermitaño: que hazes la santa vida.*
> *Aquel ciervo del pie blanco donde haze su manida.*

Puede tener este verso una silaba menos: cuando la final es aguda: por el cuarto presupuesto. como en el otro romance.

*Morir se quiere Alexandre de dolor de corazon
Embio por sus maestros cuantos en el mundo son.*

Los que lo cantan por que hallan corto e escaso
aquel ultimo espondeo: suplen e rehazen lo que falta:
por aquella figura que los gramaticos llaman paragoge:
la cual como diremos en otro lugar: es añadidura de
silaba en fin de la palabra. e por *corazon* e *son*:
dizen *coraçone* e *sone*. Estos cuatro generos de versos
llamanse iambicos por que en el latin en los lugares
pares donde se hazen los assientos principales: por
fuerça han de tener el pie que llamamos iambo. Mas
porque nosotros no tenemos silabas luengas e breves:
en lugar de los iambos pusimos espondeos. Y por
que todas las penultimas silabas de nuestros versos
iambicos o las ultimas cuando valen por dos son
agudas: e por consiguiente luengas: llamanse estos
versos ipponacticos iambicos: porque Ipponate poeta
griego uso dellos. Como Archiloco de los iambicos:
de que usaron los que antiguamente compusieron los
himnos por medida: en los cuales siempre la penultima es breve: e tiene acento agudo en la antepenultima. como en aquel himno. *Jam lucis orto sidere.*
E en todos los otros de aquella medida.

CAPITULO IX

DE LOS VERSOS ADONICOS

Los versos adonicos se llamaron: porque adonis
poeta uso mucho dellos: o fue el primer inventor.
Estos son compuestos de un dactilo e un spondeo.
tienen regularmente cinco silabas e dos assientos:

uno en el dactilo: e otro en el espondeo. Tiene
muchas vezes seis silabas cuando entramos con
medio pie perdido: el cual como diximos arriba no
se cuenta con los otros. Puede esso mesmo tener este
verso cuatro silabas: si es la ultima silaba del verso
aguda por el cuarto presupuesto. Puede tan bien
tener cinco siendo la ultima aguda: e entrando con
medio pie perdido. En este genero de verso esta
compuesto aquel rondel antiguo.

> *Despide plazer.*
> *Y pone tristura.*
> *Crece en querer.*
> *Vuestra hermosura.*

El primero verso tiene cinco silabas e valor de seis:
por que se pierde la primera con que entramos: e la
ultima vale por dos. El segundo verso tiene seis silabas
porque pierde el medio pie en que començamos. El
verso tercero tiene cuatro silabas: que valen por cinco
porque la final es aguda e tiene valor de dos. El cuarto
es semejante al segundo.
   El verso adonico doblado es compuesto de dos
adonicos. los nuestros llamanlo pie de arte maior.
puede entrar cada uno dellos con medio pie perdido
o sin el. puede tan bien cada una dellas acabar en
silaba aguda: la cual como muchas vezes avemos
dicho suple por dos. para hinchir la medida del
adonico. Assi que puede este genero de verso tener
doze silabas. o onze. o diez. o nueve. o ocho.
Puede tener doze silabas en una sola manera: si
entramos con medio pie en entrambos los adonicos.
Y por que mas claramente parezca la diversidad de
estos versos: pongamos exemplo en uno que pone

Juan de Mena en la definicionde la prudencia: donde
dize *Sabia en lo bueno sabida en maldad*.

Del cual podemos hazer doze silabas. e once.
e diez. e nueve. e ocho: mudando algunas silabas:
e quedando la mesma sentencia. doze en esta manera.
Sabida en lo bueno sabida en maldades.

Puede tener este genero de verso onze silabas en
cuatro maneras. La primera entrando sin medio pie
en el primero adonico. e con el en el segundo. La
segunda entrando con medio pie en el primer adonico.
e sin el en el segundo. La tercera entrando con medio
pie en entrambos los adonicos. e acabando el primero
en silaba aguda. La cuarta entrando con medio pie
en ambos los adonicos e acabando el segundo en
silaba aguda. Como en estos versos.

> *Sabia en lo bueno sabida en maldades*.
> *Sabida en lo bueno sabia en maldades*.
> *Sabida en lo bueno sabida en maldades*.
> *Sabida en lo bueno sabida en maldad*.

Puede tener este genero de verso diez silabas en
seis maneras. La primera entrando con medio pie en
ambos los adonicos: e acabando entrambos en silaba
aguda. La segunda entrando sin medio pie en ambos
los adonicos. La tercera entrando sin medio pie en
el primero adonico e acabando el mesmo en silaba
aguda. La cuarta entrando el segundo adonico sin
medio pie e acabando el mesmo en silaba aguda. La
quinta entrando el primero adonico con medio pie:
e el segundo sin el: e acabando el primero en silaba
aguda. La sexta entrando el primer adonico sin
medio pie e el segundo con el acabando el mesmo
en silaba aguda. como en estos versos.

Sabida en el bien. sabida en maldad.
Sabia en lo bueno. sabia en maldades.
Sabia en el bien. sabida en maldades.
Sabida en lo bueno. sabia en maldad.
Sabida en el bien. sabia en maldades.
Sabia en lo bueno. sabida en maldad.

Puede tener este genero de versos nueve silabas en cuatro maneras. La primera entrando sin medio pie en ambos los adonicos e acabando el segundo en silaba aguda. La segunda entrando el primer adonico con medio pie e el segundo sin el. e acabando entrambos en silaba aguda. La tercera entrando ambos los adonicos sin medio pie. e acabando el primero en silaba aguda. La cuarta entrando el primer adonico sin medio pie e el segundo con el. e acabando entrambos en silaba aguda. Como en estos versos.

Sabia en lo bueno. sabia en maldad.
Sabida en el bien. sabia en maldad.
Sabia en el bien. sabia en maldades.
Sabia en el bien. sabida en maldad.

Puede tener este genero de versos ocho silabas en una sola manera: entrando sin medio pie en ambos los adonicos. e acabando entrambos en silaba aguda. como en estos versos. *Sabia en el bien. sabia en el mal.*

CAPITULO X

DE LAS COPLAS DEL CASTELLANO. E COMO SE COMPONEN DE LOS VERSOS

Assi como deziamos que de los pies se componen los versos: assi dezimos agora que de los versos se

hazen las coplas. Coplas llaman nuestros poetas un
rodeo e aiuntamiento de versos en que se coge alguna
notable sentencia. A este los griegos llaman periodo:
que quiere dezir termino. los latinos circuitu: que
quiere decir rodeo. Los nuestros llamaron la copla:
porque en el latin copula quiere decir aiuntamiento.

Assi que los versos que componen la copla. o son
todos uniformes. o son diformes. Cuando la copla se
compone de versos uniformes: llamase monocola:
que quiere decir unimembre o de una manera. tal
es el Labirinto de Juan de Mena: porque todos los
versos entre si son adonicos doblados: o su coronacion
en la cual todos los versos entre si son dimetros
iambicos.

Si la copla se compone de versos diformes: en
griego llamanse dicolos: que quiere dezir de dos
maneras. tales son los proberbios del Marques. la
cual obra es compuesta de dimetros e monometros
iambicos que nuestros poetas llaman pies de arte real
e pies quebrados. Hazen eso mesmo los pies tornada
a los consonantes. e llamase distrophos: cuando el
tercero verso consuena con el primero. Como en el
titulo del Labirinto.

Al muy prepotente don juan el segundo.
Aquel con quien jupiter tuvo tal zelo.
Que tanta de parte le haze en el mundo.
Cuanta a si mesmo se haze en el cielo.

En estos versos el tercero responde al primero:
e el cuarto al segundo. llamanse los versos tristrophos:
cuando el cuarto torna al primero. Como en el
segundo miembro de aquella mesma copla.

Al gran rei de españa al cesar novelo.
Aquel con fortunas bien afortunado.
Aquel en quien cabe virtud e reinado.
A el las rodillas hincadas por suelo.

En estos versos el cuarto responde al primero. No pienso que ai copla en que el quinto verso torne al primero: salvo mediante otro consonante de la mesma caida. lo cual por ventura se dexa de hazer: porque cuando viniesse el consonante del quinto verso: ia seria desvanecido de la memoria del auditor el consonante del primero verso. El latin tiene tal tornada de versos: e llamanse tetrastrophos: que quiere dezir que tornan despues de cuatro, Mas si todos los versos caen debaxo de un consonante: llamarse an astrophos: que quiere dezir sin tornada: cuales son los tetrametros: en que diximos: que se componian aquellos cantares que llaman romances. Cuando en el verso redunda e sobra una silaba: llamase hipermetro: quiere dezir que allende lo justo del metro sobra alguna cosa. Cuando falta algo llamase catalectico: quiere dezir: que por quedar alguna cosa es escaso. Y en estas dos maneras los versos llamanse cacometros: quiere dezir mal medidos.

Mas si en los versos ni sobra ni falta cosa alguna: llamanse orthometros. quiere dezir bien medidos justos e legitimos. Pudiera io muy bien en aquesta parte con ageno trabajo estender mi obra: e suplir lo que falta de un arte de poesia castellana: que con mucha copia e elegancia compuso un amigo nuestro que agora se entiende: e en algun tiempo sera nombrado. e por el amor e acatamiento que le tengo pudiera io hazerlo assi segun aquella lei que pithagoras pone primera en el amistad que las cosas de los amigos an de ser comunes maiormente que como dize el refran de los griegos la tal usura se pudiera tornar en caudal.

Mas ni io quiero fraudar lo de su gloria. ni mi pensamiento es hazer lo hecho. Por esso el que quisiere ser en esta parte mas informado: io lo remito a aquella su obra.

ARTE DE POESIA CASTELLANA

DE

JUAN DEL ENCINA

AL muy esclarecido y bienaventurado principe
D. Juan: comienza el prohemio en una arte de poesia
castellana compuesta por Juan del Enzina.

Quan ligero e penetrable fuesse el ingenio de los
antiguos y quan enemigo de la ociosidad, muy esclarecido principe, notorio es a vuestra alteza como
cuenta Ciceron de africano el mayor que dezia nunca
estar menos ocioso que cuando estaua ocioso ni menos
solo que quando solo: dando a entender que nunca
holgaua su juycio y segun sentencia de aquel Caton
censorino: no solamente son obligados los ombres
que biuen segun razon a dar cuenta de sus negocios:
mas aun tambien del tiempo de su ocio quanto mas
los que fuemos dichosos de alcanzar a ser suditos y
biuir debaxo de tan poderosos y cristianissimos
principes que assi artes belicas como de paz estan ya
tan puestas en perfecion en estos reynos por su buena
gouernacion: que quien piensa las cosas que por
armas se han acabado, no parece auer quedado tiempo
de pacificarlas cosas como oy estan. ya no nos falta
de buscar sino escoger en que gastemos el tiempo,
pues lo tenemos qual lo deseamos. Que puede ser en
el ocio mas alegre y mas propio de umanidad como
Tulio dize que sermon gracioso y polido, y pues entre
las otras cosas en que ecedemos a los animales brutos
es una de las principales que hablando podemos

espremir lo que sentimos, quien no trabajara por
eceder a otro en aquello que los ombres eceden a los
otros animales? bien parece vuestra real escelencia
auer leydo aquello que Cirro usaua decir: Cosa turpe
es imperar el que no ecede a sus suditos en todo
genero de virtud: e vuestra muy alta señoria que tiene
tal dechado de que sacar mirando a las ecelencias e
virtudes de sus clarisimos padres: bien lo pone por
la obra pues dexados lo primeros rudimientos e
cunabulos: entre sus claras vitorias se ha criado en
el gremio de la dulce filosofia: fauoreciendo los
ingenios de sus suditos, incitandolos a la ciencia con
enxemplo de si mesmo. Assi que mirando todas
estas cosas acorde de hazer un arte de poesia castellana por donde se pueda mejor sentir lo bien o mal
trobado: y para enseñar a trobar en nuestra lengua:
si enseñar se puede, porque es muy gentil exercicio
en el tiempo de ociosidad, e confiando en la virtud
de vuestra real magestad: atreuime a dedicar esta
obra a su ecelente ingenio: donde ya florecen los
ramos de la sabiduria: para si fuere seruido estando
desocupado de sus arduos negocios. exercitarse en
cosas poeticas e trobadas en nuestro castellano estilo
porque lo que ya su biuo juyzio por natural razon
conoce: lo pueda ver puesto en arte segun lo que en
mi flaco saber alcança, no porque crea que los poetas
y trobadores se ayan de regir por ella siendo yo el
menor de ellos. mas por no ser ingrato a esta facultad
si algun nombre me ha dado: O si merezco tener
siquiera el mas baxo lugar entre los poetas de nuestra
nacion, y assi mesmo porque segun dize el dotissimo
maestro Antonio de Lebrixa, aquel que desterro de
nuestra España los barbarismos que en la lengua

latina se auian criado: una de las causas que le
mouieron a hazer arte de romance fue que creya
nuestra lengua estar agora mas empinada e polida que
jamas estuuo: de donde mas se podia temer el de-
scendimiento que la subida: e assi yo por esta mesma
razon creyendo nunca auer estado tan puesta en la
cumbre nuestra poesia e manera de trobar: pareciome
ser cosa muy provechosa ponerla en arte e encerrarla
debaxo de ciertas leyes e reglas: porque ninguna
antiguedad de tiempos le pueda traer oluido. e digo
estar agora puesta en la cumbre: a lo menos quanto
a las observaciones: que no dudo nuestros ante-
cessores auer escrito cosas mas dinas de memoria:
llegaron primero e aposentaron se en las mejores
razones e sentencias: e si algo de bueno nosotros
dezimos: dellos lo tomamos, que quando mas pro-
curamos huyr de lo que ellos dixieron: entonces ymos
a caer en ello, por lo cual sera forçado cerrar la boca
o hablar por boca de otro que segun dize un comun
proverbio: No ay cosa que no este dicha, y bien creo
auer otros que primero que yo tomassen este trabajo
e mas copiosamente: mas es cierto que a mi noticia
no ha llegado: saluo aquello que el notable maestro
Lebrija en su arte de romance acerca desta facultad
muy perfetamente puso. Mas yo no entiendo entrar
en tan estrecha cuenta: lo uno por la falta de mi
saber e lo otro porque no quiero tocar mas de lo
que a nuestra lengua satisfaxe: e algo de lo que toca
a la dinidad de la poesia que no en poca estima e
veneracion era tenida entre los antiguos pues el exor-
dio e inuencion della fue referido a sus dioses: assi
como Apolo Mercurio y Baco y a las musas segun
parece por las inuocaciones de los antiguos poetas:

de donde nosotros las tomamos no porque creamos
como ellos ni los tengamos por dioses invocando los,
que seria grandissimo error y eregia: mas por seguir
su gala y orden poetica: que es haber de proponer:
inuocar y narrar o contar en las ficiones graves y
arduas, de tal manera que siendo ficion la obra: es
mucha razon que no menos sea fingida y no verdadera
la inuocacion della. mas quando hazemos alguna obra
principal de deuocion o que toque a nuestra fe in-
uocamos al que es la mesma verdad o a su madre
preciosa o a algunos santos que sean intercessores y
medianeros para alcanzarnos la gracia. Hallamos esso
mesmo acerca de los antiguos que sus oraculos y
vatecinaciones se dauan en versos: y de aqui vino
los poetas llamarse vates: assi como hombres que
cantan las cosas diuinas, y no solamente la poesia
tuuo esta preminencia en la vana gentilidad: mas aun
muchos libros del Testamento viejo segun da testimonio San Geronimo: fueron escritos en metro en aquella
lengua hebrayca: la qual segun muchos dotores fue
mas antigua que la de los griegos: porque no se hallara
escritura griega tan antigua como los cinco libros de
Moysen. y no menos en Grecia que fue la madre de
las liberales artes: Podemos creer la poesia ser mas
antigua que la oratoria. Quanto al efeto de la poesia
quierome contentar con lo que escriue Justino en su
epitoma: porque si ouiese de contar todas las alabanças
y efetos della. por larga que fuese la vida. antes
faltaria el tiempo que la materia: y es el primero
enxemplo que como entre los Atenienses y Megarenses
e recibiessen grandes daños de una parte a la otra
sobre la posession de la isla Salamina: fatigados ambos
pueblos de las continuas muertes: commençaron assi

los unos como los otros a poner pena capital entre
si: a qualquiera que hiciese mencion de la tal demanda
Solon. legislador de Atenas. viendo el daño de su
republica: simulandose loco salio delante todo el
pueblo y amonestandolo en versos lo mouio de tal
manera que no se dilato mas la guerra: de la qual
consiguieron vitoria. El segundo enxemplo es que
teniendo los lacedemonios guerra con los messenios
fueles dicho por sus oraculos que no podian vencer
sin capitan atheniense: y los atenienses en menos-
precio embiaron les un poeta coxo llamado Tirteo.
porque lo tomasen por capitan, los lacedemonios
muy fatigados con los daños recebidos se boluian
a su tierra mas con mengua que con onrra: a los
quales el poeta Tirteo con la fuerza de sus versos
de tal manera inflamo: que oluidados de sus propias
vidas mudaron el proposito y boluiendo quedaron
vitoriosos. Y no en vano cantaron los poetas que
Orfeo ablandaua las piedras con sus dulces versos,
pues que la suauidad de la poesia enternecia los duros
coraçones de los tiranos: como parece por una epistola
de Falaris tirano famoso en crueldad que no por otra
cosa otorgo la vida a Estesicoro poeta salvo porque
hazia graciosos versos. y Pisistrato tirano de Atenas
no hallo otro camino para echar de si el odio de la
tirania y gratificarse con el pueblo: saluo mandando
buscar los versos de Homero, propuesto premio a
quien los pusiese por orden. Pues que dire en nuestra
religion christiana quanto conmueuen á deuocion los
deuotos y dulces ynos: cuyos autores fueron Hilario
Ambrosio y otros muy prudentes y santisimos varones?
y Santo Agustino escriuio seys libros desta facultad
intitulados musica: para descanso de otros mas graues

estudios: en los quales seys libros trata de los generos de versos y de quantos pies consta cada verso y cada pie de quantas silabas. Suficientemente creo auer prouado la autoridad y antiguedad de la poesia y en quanta estima fue tenida acerca de los antiguos y de los nuestros: aunque algunos ay que queriendo parecer graues y seueros: malinamente la destierran de entre los romanos como ciencia ociosa: boluiendo a la facultad la culpa de aquellos que mal usan della: a los quales deuia bastar para conuencer su error: la multitud de poetas que florecieron en Grecia e en Roma, que cierto sino fuera facultad onesta: no creo que Sofocles alcançara magistrados preturas y capitanias en Atenas madre de las ciencias de umanidad: Mas dexados estos con su livor e malicia bien auenturado principe: Suplico a vuestra real señoria para que en tiempo de su ocio reciba este pequeño seruicio por muestra de mi deseo.

CAPITULO I

DEL NACIMIENTO E ORIGEN DE LA POESIA CASTELLANA: E DE QUIEN RECEBIMOS NUESTRA MANERA DE TROBAR

Sentencia es muy aueriguada entre los poestas latinos ser por vicio reputado el acabar de los versos en consonantes e en semejanza de palabras, aunque algunas vezes hallamos los poetas de mucha autoridad con el atreuimiento de su saber: auer usado e puesto por gala aquello que a otros fuera condenacion de su fama: como parece por Virgilio en el epigrama que dize Sic vos non vobis etc. Mas los santos e prudentes

varones que compusieron los ynos en nuestra cristiana
religion escogieron por bueno lo que acerca de los
poetas era tenido por malo, que gran parte de los
ynos van compuestos por consonantes e encerrados
debaxo de cierto numero de silabas. e non sin causa
estos sabios e dotisimos varones en este exercicio se
ocuparon: porque bien mirado estando el sentido
repartido entre la letra e el canto, muy mejor puede
sentirse acordar se de lo que se va cantando por
consonantes que en otra manera: porque no ay cosa
que mas a la memoria nos tenga lo passado que la
semejança dello. De aqui creo auer venido nuestra
manera de trobar. aunque no dudo que en Italia
floreciesse primero que en nuestra España e de alli
descendiesse a nosotros. porque si bien queremos
considerar segun sentencia de Virgilio: alli fue el
solar del linage latino, e quando Roma se enseñoreo
de aquesta tierra: no solamente recebimos sus leyes
e constituciones, mas aun el romance segun su nombre
da testimonio: que no es otra cosa nuestra lengua
sino latin corrompido. Pues porque no confessaremos
aquello que del latin deciende. auerlo recibido de
quien la lengua latina e el romance recebimos? quanto
mas que claramente parece en la lengua ytaliana auer
auido muy mas antiguos poetas que en la nuestra:
assi como el Dante e Francisco Petrarca e otros
notables varones que fueron antes e despues de donde
muchos de los nuestros hurtaron gran copia de
singulares sentencias el qual hurto como dize Virgilio:
No deue ser vituperado mas dino de mucho loor
quando de una lengua en otra se sabe galanamente
cometer. y si queremos arguyr de la etimologia del
vocablo si bien miramos: trobar vocablo italiano es

4–2

que no quiere dezir otra cosa trobar en lengua ytaliana: sino hallar. pues que cosa es trobar. en nuestra lengua sino hallar sentencias e razones e consonantes e pies de cierta medida adonde las incluyr e encerrar? Assi que concluyamos luego: el trobar auer cobrado sus fuerças en Ytalia e de alli esparzido las por nuestra España. a donde creo que ya florece mas que en otra ninguna parte.

CAPITULO II

DE COMO CONSISTE EN ARTE LA POESIA E EL TROBAR

Aunque otra cosa no respondiessemos para prouar que la poesia consista en arte: bastaria el juyzio de los clarissimos autores que intitularon arte poetica los libros que desta facultad escriuieron. Y quien sera tan fuera de raçon: que llamandose arte el oficio de texer o herreria: o hazer vasijas de barro o cosas semejantes: piense la poesia y el trobar auer venido sin arte en tanta dinidad? Bien se que muchos contenderan para en esta facultad ninguna otra cosa requerirse saluo el buen natural: y concedo ser esto lo principal y el fundamento: mas tambien afirmo polirse y alindarse mucho con las obseruaciones del arte que si al buen ingenio no se juntasse ell arte: seria como una tierra frutifera y no labrada. Conuiene luego confessar de esta facultad lo que Ciceron en el de perfeto oratore: y lo que los professores de gramaticas suelen hazer en la diffinicion della: y lo que creo ser de todas las otras artes: que no son sino obseruaciones sacadas de la flor del uso de varones

dotissimos: y reduzidas en reglas y preceptos porque
segun diçen los que hablaron del arte: todas las artes
conuiene que tengan cierta materia: y algunos afirman
la oratoria no tener cierta materia: a los quales con-
uence Quintiliano diziendo que el fin del orador o
retorico es dezir cosas aunque algunas veçes no
verdaderas. pero verisimiles. y lo ultimo es persuadir
y demulcir el oydo. y si esto es comun a la poesia
con la oratoria o retorica: queda lo principal conuiene
a saber: yr incluydo en numeros ciertos, para lo qual
el que no discutiesse los autores y preceptos: es
imposible que no le engañe el oydo: porque segun
dotrina de Boecio en el libro de musica: muchas
vezes nos engañan los sentidos: por tanto deuemos
dar mayor credito a la raçon. Como quiera que segun
nos demuestra Tulio y Quintiliano: numeros ay que
deue seguir el orador y huyr otros: mas esto ha de
ser mas dissimuladamente y no tiene de yr astricto
a ellos como el poeta, que no es este su fin.

CAPITULO III

DE LA DIFERENCIA QUE HAY ENTRE
POETA Y TROBADOR

Segun es comun uso de hablar en nuestra lengua:
al trobador llaman poeta y al poeta trobador: ora
guarde la ley de los metros ora no: mas a mi me parece
que quanta diferencia ay entre musico y autor,
entre geometra y pedrero: tanta deue auer entre
poeta y trobador. Quanta diferencia aya del musico
al cantor y del geometra al pedrero: Boecio nos
enseña que el musico contempla en la especulacion

de la musica: y el cantor es oficial della. Esto mesmo
es entre el geometra y pedrero y poeta y trovador.
porque el poeta contempla en los generos de los
versos: y de quantos pies. consta cada verso: y el
pie de quantas sillabas: y aun no se contenta con
esto: sin examinar la quantidad dellas. Contempla
eso mesmo que cosa sea consonante y assonante: y
cuando passa una sillaba por dos: y dos sillabas por
una y otras muchas cosas de las quales en su lugar
adelante trataremos. Assi que quanta diferencia ay
de señor a esclauo: de capitan a hombre de armas
sugeto a su capitania: tanta a mi ver ay de trobador
a poeta. mas pues estos dos nombres sin ninguna
diferencia entre los de nuestra nacion confundimos,
mucha razon es que quien quisiesse gozar del nombre
de poeta o trobador: aya de tener todas estas cosas.
O a quantos vemos en nuestra España estar en reputa-
cion de trobadores. que no se les da mas por echar
una silaba y dos demasiadas que de menos: ni se
curan que sea buen consonante que malo. y pues se
ponen a hazer en metro: deuen mirar y saber que
metro no quiere dezir otra cosa sino mesura: de
manera que lo que no lleua cierta mensura y medida:
no deuemos dezir que va en metro ni el que lo haze
deue gozar de nombre de poeta ni trobador.

CAPITULO IV
DE LO PRINCIPAL QUE SE REQUIERE PARA APRENDER A TROBAR

En lo primero amonestamos a los que carecen de
ingenio y son mas aptos para otros estudios y exer-
cicios: que no gasten su tiempo en vano: leyendo

nuestros preceptos: podiendolo emplear en otra cosa
que les sea mas natural. Y tomen por si aquel dicho
de Quintiliano en el primero de sus instituciones: que
ninguna cosa aprouechan las artes y preceptos: a
donde fallesce natura: que a quien ingenio falta no
le aprouecha mas esta arte que preceptos de agricultura
a tierras esteriles. De aqueste genero de hombres
aura muchos que reprehenderan esta obra: unos que
no la entenderan: otros que no sabran usar della.
a los quales respondo con un dicho de santo agustino
en el primero de dotrina christiana: diziendo que si
yo con mi dedo mostrasse a uno alguna estrella: y el
tuuiesse tan debilitados los ojos que no viesse el dedo
ni la estrella: no por eso me deuia culpar, e esso
mesmo si viese el dedo y no la estrella: deuia culpar
el defeto de su vista y no a mi.

Assi que aqueste nuestro poeta que establecemos
instituyr: en lo primero venga dotado de buen ingenio: y porque creo que para los medianamente
enseñados: esta la verdad mas clara que la luz: si
ouese algunos tan barbaros que persistan en su
pertinacia: dexados como incurables nuestra exorta-
cion se endereze a los mancebos estudiosos: cuyas
orejas las dulces musas tienen conciliadas. Es
menester allende desto que el tal poeta no menosprecie
la elocucion: que consiste en hablar puramente:
elegante y alto quando fuere menester: segun la
materia lo requiere. Los quales preceptos porque son
comunes a los oradores y poetas: no los esperen de
mi: que no es mi intencion hablar saluo de solo
aquello que es propio del poeta. Mas para quanto a
la elocucion mucho aprouecha segun es noticia de
Quintiliano: criarse desde la tierna niñez adonde

hablen muy bien: porque como nos enseña oracio:
qualquiera vasija de barro guarda para siempre aquel
olor que recibio quando nueua. Y despues desto se
deue exercitarse en leer no solamente poetas e estorias
en nuestra lengua: mas tambien en lengua latina.
Y no solamente leerlos como dixe Quintiliano. mas
discutirlos en los estilos e sentencias y en las licencias,
que no leera cosa el poeta en ninguna facultad de que
no se aproueche para la copia que le es muy necessaria
principalmente en obra larga.

CAPITULO V

DE LA MANERA Y ESAMINACION DE LOS PIES
Y DE LA MANERA DE TROBAR

Toda la fuerza de trobar esta en saber hazer y
conocer los pies, porque dellos se hazen las coplas
y por ellos se miden. y pues asi es sepamos que cosa
es pie. Pie no es otra cosa en el trobar sino un ayuntamiento de cierto numero de silabas: y llamase pie
porque por el se mide todo lo que trobamos, y sobre
los tales pies corre y roda el sonido de la copla. Mas
para que mejor vengamos en el verdadero conocimiento: deuemos considerar que los latinos llaman
verso a lo que nosotros llamamos pie: y nosotros
podemos llamar verso a donde quiera que ay ayuntamiento de pies que comunmente llamamos coplas,
que quiere decir copula o ayuntamiento. Y bien
podemos dezir que en una copla aya dos versos assi
como si es de ocho pies y va de quatro en quatro son
dos versos: o si de nueue el un verso es de cinco e
el otro de quatro e si es de diez puede ser el un verso

de cinco e el otro de otros cinco. e assi por esta
manera podemos poner otros exemplos infinitos. Ay
en nuestro vulgar castellano dos generos de versos
o coplas: el uno quando el pie consta de ocho silabas
o su equiualencia que se llama arte real, e el otro
quando se compone de doze o su equiualencia que
se llama arte mayor. Digo su equiualencia porque
bien puede ser que tenga mas o menos en quantidad.
mas en valor es imposible para ser el pie perfecto.
e bien parece nosotros auer omado del latin el trobar
pues en el se hallan estos dos generos antiguamente de
ocho silabas assi como *Jam lucis orto sydere*. de doze
assi como *Mecenas atauis edite regibus*. Assi que
quando el pie no tuuiese mas de ocho silabas llamarle
hemos de arte real como lo que dixo Juan de Mena:
Despues quel pintor del mundo. e si fuese de doze
ya sabremos que es de arte mayor: assi como el
mesmo Juan de Mena en las tresientas:

> *Al muy prepotente don Juan el segundo.*

Dixe que podian a las veses llevar mas o menos
silabas los pies: entiendese aquello en cantidad o
contando cada una por si: mas en el valor o pronunciacion ni son mas ni menos. Pueden ser mas en
quantidad quando una dicion acaba en vocal e la
otra que sigue tambien en el mesmo pie comiença
en vocal, que aunque son dos silabas no valen sino
por una ni tardamos mas tiempo en pronunciar ambas
que una. assi como dize Juan de Mena: *Paro nuestra
vida vfana*. Auemos tanbien de mirar que quando
entre la una vocal e la otra estuviese la *h*. que es
aspiracion: entonces a las vezes acontece que passan
por dos e a las vezes por una e juzgarlo hemos segun

el comun uso de hablar o segun viesemos que el pie lo requiere: e esto tambien aura lugar en las dos vocales sin aspiracion. Tambien pueden ser mas quando las dos silabas postreras del pie son ambas breues que entonces no valen ambas sino por una. Mas es en tanto grado nuestro comun acentuar en la penultima silaba que muchas vezes cuando aquellas dos silabas del cabo vienen breues: hacemos luenga la que esta antes de la postrera assi como en otro pie dize: *De la biuda Penelope.* Pueden tambien al contrario ser menos de ocho o de doze quando la ultima es luenga que entonces vale por dos e tanto tardamos en pronunciar aquella silaba como dos, de manera que passaran siete por ocho: como dixo Frey Iñigo:

Aclara sol diuinal.

Mas porque el arte mayor los pies son intercisos que se pueden partir por medio: no solamente puede passar una silaba por dos quando la postrera es luenga. Mas tambien si la primera o la postrera fuere luenga assi del un medio pie como del otro que cada una valdra por dos. Ay otro genero de trobar que resulta de los sobredichos que se llama pie quebrado que es medio pie assi de arte real: son quatro silabas o su equiualencia e este suelese trobar al pie quebrado mezclado con los enteros e a las vezes passan cinco silabas por medio pie e entonces dezimos que la una va perdida assi como dixo don Jorge:

Como deuemos.

En el arte mayor quando se parten los pies e van quebrados nunca suelen mezclarse con los enteros: mas antes todos son quebrados. segun parece por muchos villancicos que ay de aquesta arte trobados.

CAPITULO VI

DE LOS CONSONANTES E ASSONANTES E DE LA ESAMINACION DELLOS

Despues de auer visto e conocido la mensura e esaminacion de los pies, resta conocer los consonantes e assonantes: los quales siempre se aposentan e assinan en el cabo de cada pie e son principales miembros e partes del mesmo pie, e porque el propio acento de nuestra lengua comunmente es en la penultima silaba: alli deuemos buscar y esaminar los consonantes y assonantes. Consonante se llama todas aquellas letras o syllabas que se ponen desde donde esta el postrer acento agudo o alto, hasta en fin del pie. Assi como si el un pie acabasse en esta dicion: *Vida* y el otro acabasse en otra dicion que dixese *despedida*, entonces diremos que desde la. *i*. donde esta el acento largo, hasta el cabo es consonante, y por eso se llama consonante, porque ha de consonar el un pie con el otro con las mesmas letras desde aquel acento agudo o alto, que es aquella *i*. Mas quando el pie acaba en una syllaba luenga que vale por dos, entonces contamos aquella sola por ultima y penultima, y desde aquella vocal donde esta el postrer acento largo: desde alli ha de consonar un pie con otro con las mesmas letras.

Assi como si el un pie acaba en *coraçon* y el otro en *passion*: desde aquel: *on,* que vale por dos syllabas, dezimos que es el consonante. E si acabasse el pie en dos syllabas breues y estuuiesse el acento agudo en la antepenultima, entonces diremos que el consonante es desde aquella antepenultima: porque las dos postreras que son breues: no valen sino por una: de manera que todo se sale a un cuento.

Assi como si el pie acabasse en: *quiereme*: y el otro en *hiereme*. entonces desde la *e* primera adonde esta el acento alto es consonante que ha de consonar con las mesmas letras. Ay tambien otros que se llaman assonantes: e cuentase por los mesmos acentos de los consonantes: mas difiere el un assonante del otro en alguna letra de las consonantes que no de las vocales, y llamasse assonante porque es a semejança del consonante aunque no con todas las mesmas letras.

Assi como Juan de Mena dixo en la coronacion que acabo un pie en: *prouerbios*: y en otro en: *soberuios*: a donde pasa una. *v*. por una. *b*. y esto suelese hacer en defeto de consonante, aunque *b* por. *v*. y. *v*. por *b*. muy usado esta porque tienen gran hermandad entre si.

Assi como si dezimos *biua*. y *reciba*. y otros muchos enxemplos pudieramos traer: mas dexemoslos por euitar prolixidad: E allende desto auemos nos guardar que no pongamos un consonante dos veces en una copla. Y aun si ser pudiese non le deuemos repetir hasta que passe veynte coplas: Saluo si fuese obra larga que entonces podremosla tornar a repetir a tercera copla o dende adelante auiendo necesidad: y qualquiera copla se ha de hazer de diuersos consonantes, dando a cada pie compañero o compañeros: porque si fuessen todos los pies de unos consonantes pareceria muy mal. Y auemos de notar que syllabas breues en el romance llamamos: todas las que tienen el acento baxo. E luengas o agudas se dizen las que tienen alto el acento. Aunque en el latin no vayan por esta cuenta.

CAPITULO VII

DE LOS VERSOS Y COPLAS Y DE SU DIUERSIDAD

Segun ya diximos arriba deuemos mirar que de los pies se hazen los versos y coplas: mas porque algunos querran saber de quantos pies han de ser: digamos algo dello breuemente. Muchas vezes vemos que algunos hazen solo un pie: ni ay alli consonante pues que no tiene compañero: y aquel tal suelese llamar mote. y si tiene dos pies llamamosle tambien mote o villancico o letra de alguna inuencion por la mayor parte. Si tiene tres pies enteros o el uno quebrado tambien sera villancico o letra de inuencion. Y entonces el un pie ha de quedar sin consonante segun mas comun uso y algunos ay del tiempo antiguo de dos pies y de tres que no van en consonante, porque entonces no guardauan tan estrechamente las obseruaciones del trobar. Y si es de quatro pies puede ser cancion y ya se puede llamar copla, y aun los romances suelen yr de quatro en quatro pies aunque non van en consonante, sino el segundo y el quarto pie y aun los del tiempo viejo no van por verdaderos consonantes y todas estas cosas suelen ser de arte real que el arte mayor es mas propia para cosas graues y arduas: y de cinco pies tambien ay canciones y de seys: y puedense llamar versos y coplas: y hazen tantas diuersidades quantas maneras huuiese de trocarse los pies: mas desde seys pies arriba por la mayor parte suelen tornar a hazer otro ayuntamiento de pies: de manera que serán dos uersos en una copla y comunmente no sube ninguna copla de doze pies arriba porque paresceria demasiada cosa: saluo los romances que no tienen numero cierto.

CAPITULO VIII

DE LAS LICENCIAS Y COLORES POETICOS: Y DE ALGUNAS GALAS DEL TROBAR

De muchas licencias y figuras pueden usar los poetas por razon del metro e por la necesidad de los consonantes: mayormente en el latin ay figuras infinitas e algunas dellas han pasado en el uso de nuestras castellanas trobas de las quales no haremos mencion mas de quanto nuestro proposito satisfaze. Tiene el poeta y trobador licencia para acortar e sincopar qualquier parte o dicion. Asi como Juan de Mena en una copla que dixo: *El hi de maria* por dezir *el hijo de maria*: e en otra parte dixo: *Que nol perteneze*. Por dezir: *que no le pertenece.* e en otra dixo *Agenores*: por *Agenorides*: Puede assi mesmo corromper y estender el vocablo assi como el mesmo Juan de Mena en otra que dixo *Cadino*: por *Cadmo* e *lagos metroes*: por *meotides*. e puede tambien mudarle el acento: assi como en otro lugar donde dize: *plátanos*: por *plátanos*: e en otro *Penelópe* por *Penélope*. Tiene tambien licencia para escriuir un lugar por otro como Juan de Mena que puso una Tebas por otra. y puede tambien poner una persona por otra. y un nombre por otro. y la parte por el todo y el todo por la parte. Otras muchas mas figuras y licencias pudieramos contar: mas porque los modernos gozan de la breuedad contentemonos con estas las quales no deuemos usar muy amenudo pues que la necesidad principalmente fue causa de su inuencion aunque verdad sea que muchas cosas al principio la necesidad ha introduzido que despues el uso las ha aprobado por gala assi como los trages: las casas

y otras infinitas cosas que serian muy largas de contar.
ay tambien mucha diuersidad de galas en el trobar
especialmente de quatro o cinco principales deuemos
hazer fiesta. Ay una gala de trobar que se llama
encadenado que el consonante que acaba el un pie
en aquel comença el otro. Assi como una copla que
dize: *soy contento ser catiuo: catiuo en vuestro poder:
poder dichoso ser biuo: biuo con mi mal esquiuo: esquiuo
no de querer*, etc. Ay otra gala de trobar que se llama
retrocado que es quando las raçones se truecan: como
una copla que dize. *Contentaros y seruiros: seruiros e
contentaros*, etc. Ay otra gala que se dize redoblado
que es quando se redoblan las palabras: assi como
una cancion que dize. *No quiero querer: sin sentir
sentir sufrir: por poder poder saber*, etc. Ay otra gala
que se llama multiplicado que es quando en un pie
van muchas consonantes: assi como en una copla
que dize. *Dessear gozar amar: con amor dolor temor*,
etc. Ay otra gala de trobar que llamamos reyterado
que es tornar cada pie sobre una palabra: assi como
una copla que dize. *Mirad quan mal lo myrais:
mirad quan penado biuo: mirad quanto mal recibo*, etc.
Estas y otras muchas galas ay en nuestro castellano
trobar: Mas no las debemos usar muy a menudo que
el guisado con mucha miel no es bueno sin algun
sabor de vinagre.

CAPITULO IX Y FINAL

DE COMO SE DEUEN ESCREUIR Y LEER LAS COPLAS

Deuense escreuir las coplas de manera que cada pie
vaya en su renglon ora sea de arte real ora de arte

mayor: ora sea de pie quebrado ora de entero: e si en
la copla ouiere dos versos assi como si es de siete e
los quatro pies son un verso: e los otros tres otro: o
si es de ocho e los quatro son un verso e los otro
quatro otro: o si es de nueue e los cinco son un verso
e los quatro otro etc. siempre entre verso y verso se
ponga coma que son dos puntos uno sobre otro: e en
fin de la copla hase de poner colon que es un punto
solo. e en los nombres propios que non son muy
conocidos en las palabras que pueden tener dos
acentos: deuemos poner sobre la vocal a donde se
hace el acento luengo un apice que es un rasguito
como el de la. *i*. assi como en *amo* quando *yo amo*: e
amó quando *otro amó*: e hanse de leer de manera que
entre pie e pie se pase un poquito sin cobrar aliento,
e entre verso e verso pasar un poquito mas: e entre
copla y copla un poco mas para tomar aliento.

CAMBRIDGE PLAIN TEXTS *Complete List*

ENGLISH

Bacon. THE ADVANCEMENT OF LEARNING. Book I.
Carlyle. THE PRESENT TIME.
Donne. SERMONS XV AND LXVI.
Fuller. THE HOLY STATE (II, 1–15).
Goldsmith. THE GOOD-NATUR'D MAN.
Henryson. THE TESTAMENT OF CRESSEID.
Hooker. PREFACE TO "THE LAWS OF ECCLESIASTICAL POLITY."
Johnson. PAPERS FROM "THE IDLER."
Montaigne. FIVE ESSAYS, translated by John Florio.
Spenser. THE SHEPHEARDS CALENDAR.

FRENCH

Bossuet. ORAISONS FUNÈBRES.
De Musset. CARMOSINE.
Descartes. DISCOURS DE LA MÉTHODE.
Diderot. PARADOXE SUR LE COMÉDIEN.
Dumas. HISTOIRE DE MES BÊTES.
Gautier. MÉNAGERIE INTIME.
Hugo, Victor. EVIRADNUS, RATBERT (La Légende des Siècles).
La Bruyère. LES CARACTÈRES, OU LES MŒURS DE CE SIÈCLE.
Lamartine. MÉDITATIONS.
Michelet. SAINT-LOUIS.
Molière. L'AMOUR MÉDECIN. LE SICILIEN.
Molière. L'IMPROMPTU DE VERSAILLES.
Montalembert. DE L'AVENIR POLITIQUE DE L'ANGLETERRE.
Pascal. LETTRES ÉCRITES À UN PROVINCIAL.

GERMAN

Grillparzer. DER ARME SPIELMANN. ERINNERUNGEN AN BEET-
HOVEN.
Herder. KLEINERE AUFSÄTZE I.
Hoffmann. DER KAMPF DER SÄNGER.
Lessing. HAMBURGISCHE DRAMATURGIE I.
Lessing. HAMBURGISCHE DRAMATURGIE II.

ITALIAN

Alfieri. LA VIRTÙ SCONOSCIUTA.
Gozzi, Gasparo. LA GAZZETTA VENETA.
Leopardi. PENSIERI.
Mazzini. FEDE E AVVENIRE.
Rosmini. CINQUE PIAGHE.

SPANISH

Simon Bolivar. ADDRESS TO THE VENEZUELAN CONGRESS AT
ANGOSTURA, FEBRUARY 15, 1819.
Calderón. LA CENA DE BALTASAR.
Cervantes. PROLOGUES AND EPILOGUE.
Cervantes. RINCONETE Y CORTADILLO.
Espronceda. EL ESTUDIANTE DE SALAMANCA.
Luis de Leon. POESÍAS ORIGINALES.
Lope de Vega. EL MEJOR ALCALDE. EL REY.
Old Spanish Ballads.
Villegas. EL ABENCERRAJE.
Villena: Lebrija: Encina. SELECTIONS.

SOME PRESS OPINIONS

"These are delightful, slim little books....The print is very clear and pleasant to the eye....These Cambridge Plain Texts are just the kind of book that a lover of letters longs to put in his pocket as a prophylactic against boredom."—*The New Statesman*

"These little books...are exquisitely printed on excellent paper and are prefaced in each case by a brief biographical note concerning the author: otherwise entirely unencumbered with notes or explanatory matter, they form the most delicious and companionable little volumes we remember to have seen. The title-page is a model of refined taste—*simplex munditiis*."—*The Anglo-French Review*

"With their admirable print, the little books do credit to the great Press which is responsible for them."

Notes and Queries

"The series of texts of notable Italian works which is being issued at Cambridge should be made known wherever there is a chance of studying the language; they are clear, in a handy form, and carefully edited....The venture deserves well of all who aim at the higher culture."

The Inquirer

"Selections of this kind, made by competent hands, may serve to make us acquainted with much that we should otherwise miss. To read two of Donne's tremendous sermons may send many readers eagerly to enlarge their knowledge of one of the great glories of the English pulpit."—*The Holborn Review*

"This new Spanish text-book, printed on excellent paper, in delightfully clear type and of convenient pocket size, preserves the high level of achievement that characterises the series."—*The Teacher's World* on "Cervantes: Prologues and Epilogue"

"It is difficult to praise too highly the Cambridge Plain Texts."—*The London Mercury*